Cuaderno I

EL MATRIMONIO
Y SITUACIONES ANÁLOGAS DE CONVIVENCIA:
CRISIS MATRIMONIALES Y EFECTOS COMUNES
A LA NULIDAD, SEPARACIÓN Y DIVORCIO

COLECCIÓN JURÍDICA BOLONIA

CUADERNOS TEÓRICOS
Derecho de Familia

Cuaderno I

EL MATRIMONIO
Y SITUACIONES ANÁLOGAS DE CONVIVENCIA:
CRISIS Y EFECTOS COMUNES
A LA NULIDAD, SEPARACIÓN Y DIVORCIO

Dr. Francisco Lledó Yagüe

Catedrático de Derecho Civil de la Universidad de Deusto

Dr. Óscar Monje Balmaseda

Profesor titular de Derecho Civil de la Universidad de Deusto

Dra. Ana Isabel Herrán Ortiz

Profesora titular de Derecho Civil de la Universidad de Deusto

Dra. Ainhoa Gutiérrez Barrenengoa

Profesora titular de Derecho Procesal de la Universidad de Deusto

Dr. Andrés Urrutia Badiola

Profesor de Derecho Civil de la Universidad de Deusto. Notario.

Dykinson, S.L.

COLECCIÓN
CUADERNOS TEÓRICOS
DERECHO DE FAMILIA

Francisco Lledó Yagüe
(Director)
Óscar Monje Balmaseda
(Coordinador)

Redacción del tema 1: Andrés Urrutia Badiola
Redacción de temas 2, 3, 4, 5, 6 y 7: Óscar Monje Balmaseda

Editorial DYKINSON, S.L.
Meléndez Valdés, 61 - 28015 Madrid
Teléfono (+34) 915442846 - (+34) 915442869
e-mail: info@dykinson.com
http://www.dykinson.es
http://www.dykinson.com
Consejo Editorial véase www.dykinson.com/quienessomos

ISBN: 978-84-15454-54-0
Depósito Legal: M-4779-2012

ÍNDICE

CAPÍTULO 2.
EL MATRIMONIO

CAPÍTULO 3.
REQUISITOS DEL MATRIMONIO

PRÓLOGO

Constituye para los autores una satisfacción,no sólo personal, sino sobre todo académica,presentar esta "Colección de Cuadernos Teóricos Bolonia en el ámbito del Derecho de Familia".

La satisfacción la justificamos con el esfuerzo de los autores por incorporar la didáctica y enseñanaza de la materia, a la sistemática y metodología docente que ha supuesto "el Plan Bolonia" en el espacio universitario.

Esta colección de "Cuadernos teóricos Bolonia", supone la complementación dogmática y sustantiva del estudio de nuestra disciplina, aboradad ya desde una visión más prágmatica en los correspectivos *"Cuadernos prácticos de Derecho de Familia"* que vieron la luz en su publicación en el curso académico 2010-2011. Lo que entonces comentabamos en la presentación motivada de dichos Cuadernos como una "herramienta" útil para conocer la fenomenología experimental de las instituciones familiares y la conveniente resolución de sus conflictos en la "práctica jurídica" encuentra ahora en estos "Cuadernos teóricos" una fundamentación necesaria con el estudio y conocimiento de las categorias jurídico familiares, que han sufrido desde finales del siglo pasado, concretamente desde las reformas de 1981, un profundo proceso de legiferación hasta el momento presente.

Precisamente la reflexión anterior se cohonesta en un cambio de mentalidad más abierto, expansivo e igualitario en el "conspectus" social. Este cambio sociológico en las situaciones familiares ha exigido paulatinas reformas para materializar el principio de igualdad, tanto en las relaciones personales, como en las patrimoniales del Derecho de Familia.

La consagración de este principio de igualdad se ha traducido en una realidad sustantiva y efectiva, y no solo pleonástica o formalista.

En cuanto a la metodología de los Cuadernos, los autores que me han acompañado en esta obra colectiva han cumpido su papel de forma competente y extraordinariamente profesional. Sin la aportación didáctica y experiencial de estos reputados juristas hubiese sido una obra diferente, y no se hubiese conseguido alcanzar *un perfil y sesgo cualitativo y diferencial* que se ha pretendido incorporar en el desarrollo y tratamiento de cuantas materias familiares, se explican en los citados Cuadernos teóricos.

Debo hacer un inciso y reconocer el mérito de todos los autores que colaboran en esta obra colectiva. Pero debo manifestar mi admiración, en particular, por quien ha trabajado conmigo en estos últimos años de manera competente y muy profesional, que es el Dr. D. Oscar Monje Balmaseda. Ha trabajado como coordinador en todas las últimas obras que han abordado estas temáticas. De la misma forma que ahora su magisterio y buen hacer se dejan notar en la coordinación de estos Cuadernos. Vaya mi reconocimiento por este gran jurista y logicamente por "acrecimiento" también la labor didacticamente extraordinaria de los restantes autores.

Retomando el hilo conductor de la motivación de este prólogo no ha de olvidarse que el destino natural de los "Cuadernos" son los alumnos a los que a veces este "cuestionado Plan Bolonia" les exige un esfuerzo de "autodidactismo", incompatible con una exigente formación, basada en el estudio y comprensión de la materia. Naturalmente lo anterior se explica, siempre que el docente sepa trasmitir con eficiente "excelencia", el rigor y conocimiento de la disciplina en que ocupa su magisterio.

Para acabar, la metodología de estos Cuadernos se devide en tres bloques familiares, cada uno de los cuales representa ámbitos de competencia específica. Así el Cuaderno I, lo dedicamos al estudio del matrimonio y situaciones análogas a la convivencia. El Cuaderno II, al patrimonio conyugal y régimenes económicos; y el Cuaderno III a las relaciones paternofiliales, filiación, patria potestad y adopción.

En fin, esta colección de Derecho de familia encontrará también su complemento en la inminente publicación de Cuadernos teóricos de Bolonia en el Derecho de Sucesiones.

Confiamos que las pretensiones de los autores se hayan cumplido desde el rigor y la exigencia profesional de su cometido.

Asimismo, esperamos que hayamos sabido transmitir el *interés* y *complicidad del alumno* en su estudio. Ahora, centrado en su quehacer académico, y después, obtenido el "grado" aplicar lo aprendido en el "energizante", ámbito de la vida práctica en sus distintas formas y competencias profesionales.

Este es el deseo compartido por los autores, y que ahora yo rubrico como director de esta exigente obra que constituyen nuestros "Cuadernos de Derecho de Familia".

Francisco Lledó Yagüe
Deusto, 19 de enero de 2012

CAPÍTULO 1
LAS PAREJAS NO CASADAS. LAS UNIONES DE HECHO

1. LAS PAREJAS NO CASADAS

1.1. Parejas no casadas. Valoración social

La convivencia entre personas no unidas por un vínculo matrimonial no es algo desconocido en el mundo del derecho. La historia jurídica muestra abundantes ejemplos de lo que hoy en día, sin embargo, se ha convertido en una realidad que el ordenamiento jurídico intenta regular de forma extensiva.

De esta forma, se ha producido un tránsito de estas situaciones de hecho, de estas uniones o parejas de hecho que han pasado a ser, por el hecho de tener asignado un estatuto jurídico determinado, parejas de derecho.

Sin embargo, el debate y la valoración social del hecho no deja de ser algo que esté en discusión. Desde una perspectiva puramente jurídica, se discute si la regulación jurídica debe ser consecuencia de una decisión libremente adoptada por los miembros de la pareja o unión de hecho o si, por el contrario, el ordenamiento jurídico les ha de adscribir automáticamente un determinado estatuto y en su caso, cual sea este estatuto, si el de la equiparación al matrimonial o si, por el contrario, ha de tener características específicas que lo singularicen.

Así las cosas, la realidad es que hoy tanto desde un punto de vista social como desde un punto de vista jurídico, la regulación y juridificación del mundo de las parejas o uniones de hecho es una realidad insoslayable para el jurista.

1.2. La familia no matrimonial. Situación actual en derecho español

El punto de partida que cabe citar en el ordenamiento jurídico español es, inevitablemente, la Constitución Española de 1978 y dentro de la misma, una serie de artículos que afectan directamente a la familia:

Art. 32 CE:

1. El hombre y la mujer tienen derecho a contraer matrimonio con plena igualdad jurídica.

2. La Ley regulará las formas de matrimonio, la edad y capacidad para contraerlo, los derechos y deberes de los cónyuges, las causas de separación y disolución y sus efectos.

Art.39 CE:

1. Los poderes públicos aseguran la protección social, económica y jurídica de la familia.

2. Los poderes públicos aseguran, asimismo, la protección integral de los hijos, iguales éstos ante la ley con independencia de su filiación, y de las madres, cualesquiera que sea su estado civil. La ley posibilitará la investigación de la paternidad.

3. Los padres deben prestar asistencia de todo orden a los hijos habidos dentro o fuera del matrimonio, durante su minoría de edad y en los demás casos en que legalmente proceda.

La Jurisprudencia del Tribunal Constitucional ha ido moldeando los preceptos anteriores y en unión de otros artículos de la CE (señaladamente los arts. 1.1, 10.1, 14 y 16) ha proporcionado un sustento importante para que hoy se pueda hablar de que la familia, en la concepción constitucional española, no tiene su origen únicamente en el matrimonio, sino en otras formas de convivencia tales como la familia monoparental o las uniones de hecho.

En general, la batería de disposiciones legislativas va desde la Ley de Arrendamientos Urbanos, de 24 de noviembre de 1994, pasando por diferentes disposiciones en materia de seguridad social y adopción, hasta llegar a la reciente reforma del Código civil por Ley 41/2003, de 18 de noviembre, que extiende la facultad de mejorar que regula en extenso el artículo 831 C.C. a quienes no estando casados entre sí tengan hijos comunes.

Artículo 831

6. Las disposiciones de los párrafos anteriores también serán de aplicación cuando las personas con descendencia común no estén casadas entre sí.

Frente a esta regulación del Código civil, numerosas Comunidades Autónomas han establecido sus propias leyes, que bajo diferentes títulos competenciales han regulado la situación jurídica de las uniones de hecho en el derecho español.

De aquí que hoy en día, la situación de las uniones de hecho, según el régimen jurídico que les resulta aplicable, sea distinta en según qué territorio, y más complicada aún en el caso del País Vasco, con una doble legislación aplicable en materia civil.

2. LAS LEYES AUTONÓMICAS Y EL CÓDIGO CIVIL

Un esquema de la situación nos llevaría a los siguientes resultados que nos permiten centrarnos de forma específica y distinguir entre aquellas Comunidades Autónomas que han legislado en esta materia en uso de sus competencias de derecho civil propio y aquellas que lo han hecho *ex nihilo,* sin tener título competencial previo en esta materia que las habilite especialmente.

3. LA CONVIVENCIA *MORE UXORIO*

El requisito fundamental de la pareja no casada pero conceptuada como pareja de hecho es la convivencia *more uxorio,* una comunidad de vida que supone una vida sentimental estable y duradera en la que los convivientes se comportan como si de una verdadero matrimonio se tratara (STC 4 de junio de 1998), lo que supone, indudablemente un paralelismo con el matrimonio, que muchas de las leyes autonómicas incluyen, bajo una u otra denominación.

En opinión de los autores, las notas que caracterizan esta convivencia y la diferencian del matrimonio son:

1. *La estabilidad.* Comporta una idea de duración y de permanencia en el tiempo, alejado de la convivencia casual o esporádica y se manifiesta v. gr. a través de un periodo de vida en común o del hecho de tener hijos comunes.
2. *La continuidad.* Lleva consigo la renovación diaria de un compromiso de vida en común y de mantenimiento de la relación afectiva que se traduce incluso a nivel legislativo en la exigencia de un periodo mínimo de convivencia, aunque no necesariamente implica que quienes no cumplan ese requisito caigan fuera de la regulación de la convivencia *more uxorio,* tal como ha establecido de forma reiterada la jurisprudencia.
3. *La exclusividad.* Es uno de los elementos esenciales para la existencia de este tipo de convivencia la monogamia que es, por lo tanto, incompatible con la existencia de una relación matrimonial vigente o de una relación basada en la poligamia.
4. *Publicidad y notoriedad.* Esto es, para definir una convivencia *more uxorio* como tal, es preciso que esa relación afectiva sea considerada como tal por quienes se relacionan con la pareja en el ámbito de su vida.

   Ahora bien, la forma de acreditarlo pasa en la mayoría de los casos, y a la luz de las legislaciones autonómicas vigentes, por su inscripción en el correspondiente registro creado por las instituciones autonómicas.
5. *Comunidad de vida.* Esta última nota supone, entre otras, la necesidad de que entre los convivientes exista el cumplimiento, voluntario y espontáneo de lo que el C.c. establece en sus artículos 67 y 68 como deberes del matrimonio.

Articulo 67

Los cónyuges deben respetarse y ayudarse mutuamente y actuar en interés de la familia.

Artículo 68

Los cónyuges están obligados a vivir juntos, guardarse fidelidad y socorrerse mutuamente. Deberán, además, compartir las responsabilidades domésticas y el cuidado y atención de ascendientes y descendientes y otras personas dependientes a su cargo.

Este es el contenido básico, pero no único, de esa comunidad de vida que los convivientes pueden pactar entre ellos, pero que las legislaciones autonómicas también contemplan, a la hora de establece un marco supletorio para esta convivencia.

La comunidad de vida supone, además, aunque no sea un elemento esencial, la existencia de relaciones sexuales entre sus miembros, con independencia de su orientación sexual.

Por último, la comunidad de vida supone la existencia de un régimen económico o patrimonial entre sus miembros derivado precisamente de la necesidad de aportar recursos para sostener esa vida en común que originará, inevitablemente relaciones patrimoniales y titularidades compartidas.

Esa es, precisamente, una de las manifestaciones más evidentes de la existencia de la convivencia *more uxorio.*

Los rasgos anteriores, que configuran la convivencia *more uxorio* nos permiten ya adentrarnos en un elemento final de distinción con la institución matrimonial, en la que el elemento principal es la existencia de un vínculo jurídico de naturaleza formal entre los cónyuges, vínculo jurídico y formal cuya ausencia, sobretodo en el momento de la disolución de la convivencia *more uxorio* es un elemento decisivo de caracterización de esta comunidad de vida, unido al hecho de que tanto una (pareja de hecho) como otro (matrimonio) tienen un estatuto jurídico diferenciado y en el caso del ordenamiento jurídico español, como ya se ha dicho al inicio del tema, una ubicación competencial y material distinta ya que las parejas de hecho caen bajo la esfera de la Comunidades Autónomas y el matrimonio dentro del Código civil.

Es evidente que ello puede producir una serie de conflictos de leyes v. gr. en materia sucesoria a los que nos referiremos más concretamente a la hora de hablar de la ley vasca de parejas de hecho, dentro de este mismo tema.

4. ESTATUTO JURÍDICO DE LA PAREJA NO CASADA MIENTRAS DURA LA UNIÓN

La primera cuestión que se nos plantea es la del propio concepto de la pareja o unión de hecho. De las características definidas para la convivencia *more uxorio* se han obtenido por la doctrina y la jurisprudencia una serie de requisitos tanto de naturaleza subjetiva como objetiva para calificar a una unión extramatrimonial como tal.

4.1. Requisitos subjetivos

Lo son una relación monógama o de pareja hetero o homosexual, entre dos personas mayores de edad o emancipadas que tengan edad para contraer matrimonio y que no sean parientes, sin vínculo matrimonial o extramatrimonial previo y cuya unión tenga carácter sexual.

4.2. Requisitos objetivos

Lo son la convivencia *more uxorio*, el carácter público de la relación, la ausencia de formalización, la estabilidad y el cumplimiento de los requisitos de carácter objetivo y subjetivo.

4.3. Consecuencias de la unión o pareja de hecho

4.3.1. Personales

Incidencia en el estado civil, que es inexistente, ya que la unión o pareja de hecho no es un estado civil, estando sus miembros solteros, viudos, casados, divorciados o separados.

— Posibilidades de pactar compromisos entre sus miembros de convivencia y fidelidad, cuya exigibilidad jurídica puede ser discutible; no así los pactos que tengan por objeto el mutuo socorro de los miembros o los apoderamientos o delegación en el otro miembro, de decisiones de gran calado como someterse o no a una operación quirúrgica, traslado de domicilio u otros...

— De igual forma, existe toda una pléyade de disposiciones de naturaleza procesal, penal, civil, administrativa, etc. que establecen que el lazo originado por la unión o pareja de hecho puede ser v. gr. un elemento para facilitar la subrogación en materia arrendaticia.

4.3.2. En relación a los hijos comunes o de uno de los miembros de la unión o pareja de hecho

Hoy en día, la absoluta igualdad de los hijos, con independencia de su filiación matrimonial o no, viene recogido en el Código civil (art. 108) concretando así la imposibilidad de discriminación alguna entre los españoles por razón de nacimiento (art. 14 CE). Eso supone la atribución de la patria potestad conjunta a ambos miembros y el hecho de que puedan celebrar los acuerdos y consentimientos que en relación a ellos marca la ley.

La equiparación entre cónyuges y convivientes viene hoy recogida también en lo referente a la posibilidad de adopción conjunta, sin necesidad de pedir propuesta de la entidad pública tal como ha interpretado la jurisprudencia el artículo 176.2. 2) del Código civil.

En el caso del País Vasco, el tema, que en su día fue polémico, está recogido en el artículo 8 de la LRPH de 2003:

> *1. Los miembros de parejas formadas por dos personas del mismo sexo podrán adoptar de forma conjunta, con iguales derechos y deberes que las parejas formadas por dos personas de distinto sexo y las parejas unidas por matrimonio.*
>
> *2. La hija o hijo adoptivo o biológico de una de las partes de la pareja tendrá derecho a ser adoptado por la otra parte.*

En relación a los hijos preexistentes de uno solo de los convivientes cabe hablar de la emancipación y su petición por parte del hijo mayor de 16 años cuando su padre o madre se case de nuevo o conviva maritalmente con persona distinta del otro progenitor (320.1 C.c.) y si bien no afecta a la patria potestad de este hijo, puede llevar a transformar, de acuerdo con los artículos 303 y 304 C.c. al conviviente que sobreviva, en el guardador de hecho del hijo del conviviente fallecido, e incluso que el Juez lo haga su tutor.

4.3.3. Efectos patrimoniales

La cuestión básica que se plantea en este terreno es la posibilidad de la existencia de pactos entre los convivientes. En todo caso, CANTERO establece cuatro principios básicos:

1. La situación de convivencia no abarca necesariamente repercusiones patrimoniales entre los convivientes.
2. No existe un régimen económico típico de esta convivencia.
3. La Jurisprudencia del T. S. en especial la STS de 21 de octubre de 1992 ha dejado claro que habrá que estar en primer lugar a los pactos entre los convivientes.
4. Que no todos los aspectos patrimoniales de esta convivencia dependen de los pactos entre los convivientes ya que cada vez más las legislaciones autonómicas están estableciendo un estatuto propio y aplicable en todo caso a estas convivencias.

Volviendo al tema de los pactos, hoy en día, tras la entrada en vigor de la Constitución, su validez es innegable y la aplicación a los mismos de las reglas generales de los contratos tanto en lo relativo a la capacidad, objeto y forma, parece también una característica fácilmente predicable de estos pactos.

El contenido de los pactos, desde luego, puede pasar por lo que los convivientes establezcan, con las limitaciones legales establecidas y entre ellos, como es palmario, cabe la posibilidad de someter el régimen económico de las uniones o parejas de hecho a una normativa económico matrimonial ya regulado por la ley.

La anterior cuestión que resuelve de forma afirmativa una gran parte de la doctrina, no debe ocultar el tema de que ese régimen económico matrimonial solo tiene efectos entre los pactantes, ya que al no causar estado civil la pareja de hecho, difícilmente tendrá acceso al Registro Civil el pacto y por tanto su efectos frente a terceros, derivados de su falta de publicidad serían inexistentes.

¿*Quid* si no hay pacto o convenio entre los convivientes?

Parece que hay que responder de forma negativa a la aplicación extensiva del régimen legal supletorio establecido por la ley en defecto del pacto en el caso del matrimonio. Así lo ha declarado la STS de 21 de octubre de 1992.

La cuestión es entonces buscar la ubicación jurídica que permita situar el espacio económico surgido de la convivencia *more uxorio.*

Las formulas propuestas han sido varias y van desde la sociedad en sus diferentes formas (de hecho, irregular, tácita, secreta, civil, mercantil, universal de ganancias) hasta una comunidad de bienes, como expediente técnico-jurídico en donde situar los efectos económicos de la unión o pareja de hecho, a falta de pactos entre las partes.

4.3.4. La obligación de alimentos

Hoy, la doctrina y la jurisprudencia entienden con carácter mayoritario que la regulación del artículo 153 C.c. relativo a la prestación de alimentos debe entenderse extensible a los miembros de la unión o pareja de hecho, sobre la base de una obligación natural, no exigible jurídicamente, pero que tampoco posibilita la restitución de lo entregado por propia voluntad mientras duró la convivencia.

4.3.5. La pensión compensatoria

La constitución de la unión o pareja de hecho supone la extinción de la pensión compensatoria establecida en el artículo 97.1 C.c.:

El cónyuge al que la separación o el divorcio produzca un desequilibrio económico en relación con la posición del otro, que implique un empeoramiento en su situación anterior en el matrimonio, tendrá derecho a una compensación que podrá consistir en una pensión temporal o por tiempo indefinido, o en una prestación única, según se determine en el convenio regulador o en la sentencia.

A falta de acuerdo de los cónyuges, el Juez, en sentencia, determinará su importe teniendo en cuenta las siguientes circunstancias:

1.ª Los acuerdos a que hubieran llegado los cónyuges.

2.ª La edad y el estado de salud.

3.ª La cualificación profesional y las probabilidades de acceso a un empleo.

> *4.ª La dedicación pasada y futura a la familia.*
>
> *5.ª La colaboración con su trabajo en las actividades mercantiles, industriales o profesionales del otro cónyuge.*

Tal y como regula el artículo 101.1 C.c.:

> *El derecho a la pensión se extingue por el cese de la causa que lo motivó, por contraer el acreedor nuevo matrimonio o por vivir maritalmente con otra persona.*
>
> *El derecho a la pensión no se extingue por el solo hecho de la muerte del deudor. No obstante, los herederos de éste podrán solicitar del Juez la reducción o supresión de aquélla, si el caudal hereditario no pudiera satisfacer las necesidades de la deuda o afectara a sus derechos en la legítima.*

5. EFECTOS DE LA EXTINCIÓN DE LA UNION O PAREJA DE HECHO

La extinción de la unión o pareja de hecho puede ocurrir por varios supuestos:

1. Por decisión conjunta de ambos convivientes.
2. Por decisión unilateral de uno de ellos.
3. Por fallecimiento de uno de ellos

5.1. Extinción por decisión conjunta o decisión unilateral

Sus efectos serían ciertamente distintos según que existan o no pactos entre ambos y el contenido de los mismos.

En los dos primeros casos se ha discutido si es aplicable a la liquidación del patrimonio adquirido durante la convivencia las disposiciones del régimen de gananciales, de la sociedad universal de ganancias, o una sociedad civil o mercantil de hecho o incluso una comunidad de bienes.

En todos los casos, la jurisprudencia, a la hora de decantarse por una u otra figura, ha primado el pacto o la voluntad de las partes, así como el cumplimiento de los requisitos establecidos por el ordenamiento jurídico para cada uno de estas figuras jurídicas antes de decidir su aplicación, sin más, al caso concreto, cuyas circunstancias ha valorado siempre de forma relevante.

El cese de la convivencia plantea además el problema relativo a la atribución del uso de la vivienda familiar:

— Bien sea en propiedad, en cuyo caso a falta de pacto entre los convivientes, la doctrina ha entendido que lo dispuesto en el artículo 96.1 C.c. para el matrimonio es perfectamente aplicable en el cese de la convivencia *more uxorio.*

  En defecto de acuerdo de los cónyuges aprobado por el Juez, el uso de la vivienda familiar y de los objetos de uso ordinario en ella corresponde a los hijos y al cónyuge en cuya compañía queden.

— Bien sea arrendada, en cuyo caso el artículo 15.1 de la LAU de 1994 interpretado de forma restrictiva no supone una equiparación al matrimonio por lo que el conviviente no arrendatario no podrá ser designado por el Juez beneficiario del uso de la vivienda.

Respecto al tema de la posible pensión compensatoria que ya se ha citado antes el artículo 97 C.c. solo admite el nacimiento del derecho de pensión derivado de la convivencia matrimonial al cese de aquella. Cuestión diferente es lo aceptado por el T.S. de las atribuciones patrimoniales que uno de los convivientes realiza a favor del otro en cumplimiento de un deber ético al reparar los perjuicios causados por la ruptura de la convivencia, en donde entiende que existe una obligación natural, y por tanto, irrepetible para quien la hace.

En ese mismo sentido, en los casos en los que uno de los miembros de la pareja de hecho ha sido víctima de una conducta que origine la obligación de reparar los daños o perjuicios o el enriquecimientos injusto derivado de la ruptura de la unión o pareja de hecho, en cuyo caso habría que acudir al expedientes general en esta materia para fundamentar en cada caso su existencia.

5.2. Extinción en caso de fallecimiento de uno de los convivientes

5.2.1. La subrogación arrendaticia

Es un supuesto ya resuelto por la jurisprudencia del TC en relación a la ley de Arrendamientos anteriormente vigente.

Hoy en día la LAU de 1994 regula en su artículo 16 el reconocimiento al derecho de subrogarse al conviviente que conviva con el arrendatario al tiempo de su fallecimiento, con independencia del sexo del conviviente, y tras el cónyuge.

5.2.2. La indemnización por causa de muerte

La Jurisprudencia del TS ha reconocido este derecho en diferentes casos, siempre que se cumplan los supuestos necesarios para que se dé una obligación de reparar el daño.

5.2.3. Pensión de viudedad

La DA 10.2 de la ley 30/1981, de 7 de julio, de Reforma del Código civil establece este derecho para los convivientes:

> *Quienes no hubieran podido contraer matrimonio, por impedírselo la legislación vigente hasta la fecha, pero hubieran vivido como tal, acaecido el fallecimiento de uno de ellos con anterioridad a la vigencia de esta Ley, el otro tendrá derecho a los beneficios a que se hace referencia en el apartado 1.º de esta disposición y a la pensión correspondiente conforme a lo que se establece en el apartado siguiente.*

Sin embargo, su eficacia queda limitada por lo establecido en la DA 10.3 del mismo texto legal:

> *El derecho a la pensión de viudedad y demás derechos pasivos o prestaciones por razón de fallecimiento corresponderá a quien sea o haya sido cónyuge legítimo y en cuantía proporcional al tiempo vivido con el cónyuge fallecido, con independencia de las causas que hubieran determinado la separación o divorcio.*

Hoy, el TC ha establecido la igualdad de trato en este campo entre la situación matrimonial y la convivencia *more uxorio* (Ver v. gr. STC 15 de noviembre de 1990)

5.2.4. La sucesión mortis causa

Son varios los temas que surgen:

5.2.4.1. Sucesión intestada

Hoy en día, en el ámbito del derecho civil común, no es sucesor intestado el conviviente miembro de una unión o pareja de hecho en relación al otro miembro fallecido.

5.2.4.2. Sucesión testada

Cabe la posibilidad de definir a su favor por vía testamentaria lo que el testador miembro de la pareja de hecho disponga, siempre con cargo a la parte de libre disposición de su herencia y con pleno respeto a las legítimas, de derecho civil común o foral o especial, que resulten aplicables a su sucesión.

5.2.4.3. Sucesión contractual

No admitida su posibilidad en el derecho civil común, es perfectamente aplicable en el caso de que los miembros de la pareja de hecho sean de vecindad civil vasca, a la hora de ordenar su sucesión (art. 9 LRPV).

5.2.4.4. Designación de comisario testamentario a favor del conviviente

Su opción en el derecho civil común, con respeto a las legítimas, es perfectamente admisible para el conviviente miembro de una pareja de hecho en la regulación actual del artículo 831.6 C.c.:

> *Las disposiciones de los párrafos anteriores también serán de aplicación cuando las personas con descendencia común no estén casadas entre sí.*

En el derecho civil vasco, su aplicación resulta al artículo 9.3. LVRPH:

> *Podrán nombrarse recíprocamente comisario en el testamento o pacto sucesorio.*

5.2.4.5. Testamento mancomunado

Prohibido en el Código civil, los sujetos al derecho civil vizcaíno podrán hacerlo por aplicación del artículo 9.2. LVRPH, opción que se extiende igualmente al vizcaíno no aforado (art. 13 LDCFPV) o al guipuzcoano que tenga por norma sucesoria el Fuero de Gipuzkoa (art. 149 LDCFPV).

5.2.4.6 La cautela socini

¿Cabe el empleo de la cautela de opción compensatoria de la legítima en el caso de la sucesión testamentaria del conviviente premuerto?

En Derecho civil común parece que no, en el caso del derecho civil vizcaíno, si, debido a la regulación expresa en el artículo 6 LDCFPV y a la equiparación entre el cónyuge sobreviviente y el conviviente sobreviviente.

Ciertamente, el catálogo de situaciones derivadas de la sucesión por causa de muerte es francamente extenso y ha llevado, en el caso del derecho civil vasco, a plantearse una conexión basada en una vecindad civil común a todos los vascos y al establecimiento de un régimen legal supletorio en sus relaciones patrimoniales para las parejas de hecho en defecto de pacto, entre ellas, todo ello según resulta del anteproyecto de ley de Derecho civil vasco, recogido en la página *www.forulege.com.*

6. LAS LEYES AUTÓNOMAS SOBRE UNIONES DE HECHO

6.1. Enumeración

Numerosas comunidades autónomas han dictado leyes en esta materia, bien al amparo de sus títulos Estatutarios habilitantes para ello y en conexión con una legislación civil histórica preexistente o bien haciéndolos *ex novo.*

La lista de leyes autonómicas, por orden cronológico, y excluida la ley vasca, cuya regulación se recoge en extenso a continuación, es la siguiente:

1. Ley catalana 10/1998, de 15 de julio de 1998, de uniones estables de pareja. Regula separadamente las uniones heterosexuales y homosexuales.

2. La ley aragonesa 6/1999, de 26 de marzo de 1999, de parajes estables no casadas.
3. La Ley Foral navarra 6/2000, de 3 de julio de 2000, para la igualdad jurídica de las parejas estables.
4. La Ley valenciana 1/2001, de 6 de abril de 2001, por la que se regulan las uniones de hecho.
5. La Ley balear 18/2001/, de 19 de diciembre de 2001, de parejas estables.
6. La Ley madrileña 11/2001, de 19 de diciembre de 2001, de uniones de hecho de la Comunidad de Madrid.
7. La Ley extremeña 4/2002/, de 23 de mayo de 2002, de parejas estables.
8. La Ley del Principado de Asturias 4/2002, de 23 de mayo, de Parejas Estables.
9. Ley de Andalucía 5/2002, de 16 de diciembre, de Parejas de Hecho.
10. La Ley de Canarias 5/2003, de 6 de marzo, para la regulación de las Parejas de Hecho.
11. La Ley de Extremadura 5/2003, de 20 de marzo, de Parejas de Hecho.
12. La Ley de Cantabria 1/2005, de 16 de mayo, de Parejas de Hecho.
13. Decreto 117/2002, de 24 de octubre, por el que se crea el Registro de Uniones de Hecho en Castilla y León y se regula su funcionamiento.

7. LA LEY VASCA (Ley 2/2003, de 7 de mayo) REGULADORA DE LAS PAREJAS DE HECHO: RASGOS DISTINTIVOS

7.1. Concepto de pareja de hecho. Artículo 2.1

A los efectos de la aplicación de esta ley, se considera pareja de hecho a la resultante de la unión libre de dos personas, mayores de edad o menores emancipadas, con plena capacidad, que no sean parientes por consanguinidad o adopción en línea recta o por consanguinidad en segundo grado colateral y que se encuentren ligadas por una relación afectivo-sexual, sean del mismo o distinto sexo. Asimismo, ambos miembros de la pareja deberán cumplir el requisito de no estar unidos a otra persona por vínculo matrimonial o por pareja de hecho.

7.2. Ámbito de aplicación. Artículo 2.2

Las disposiciones de la presente ley serán de aplicación a las parejas de hecho constituidas en los términos del artículo 3 y siguientes de la ley. A tal efecto, podrán inscribirse aquellas parejas de hecho en las que al menos uno de sus integrantes tenga su vecindad administrativa en el territorio de la Comunidad Autónoma de Euskadi, sin distinguir, en el caso de la otra parte, su nacionalidad.

7.3. Constitución de la pareja de hecho. Artículo 3.1

La inscripción de la pareja en el Registro de Parejas de Hecho de la Comunidad Autónoma del País Vasco, que se creará al efecto, tendrá carácter constitutivo, de modo que a las no inscritas no les será aplicable la presente ley.

7.4. Acreditación pareja de hecho. Artículos 3.2, 3.3

La constitución de la pareja objeto de la presente regulación, así como el contenido jurídico patrimonial de la relación, se acreditará mediante certificación expedida por el Registro de Parejas de Hecho de la Comunidad Autónoma del País Vasco.

Las inscripciones practicadas en los registros municipales de aquellas localidades que cuenten con ellos tendrán el mismo efecto constitutivo, siempre y cuando al practicar dicha inscripción se hayan observado los requisitos establecidos en la presente ley, lo que deberá ser verificado por el Registro de Parejas de Hecho de la Comunidad Autónoma del País Vasco.

7.5. Registro de parejas de hecho. Artículo 4

1. Se crea el Registro de Parejas de Hecho de la Comunidad Autónoma del País Vasco, dependiente orgánicamente del departamento que en cada momento tenga atribuida su gestión, de carácter administrativo y funcionamiento descentralizado.

2. El registro tiene como objeto la inscripción de las declaraciones de constitución y extinción de las parejas de hecho, así como la de los convenios y pactos reguladores del régimen económico-patrimonial que podrán establecer los componentes de la unión.

3. Junto con la solicitud de inscripción, ambos miembros de la pareja deberán, además de manifestar su voluntad de inscribirse, acreditar el cumplimiento de los requisitos establecidos en el artículo 2.1, así como señalar domicilio de la pareja.

4. El registro expedirá certificaciones de la inscripción a instancia de cualquiera de los miembros de la pareja, de quienes acrediten un interés legítimo y de los jueces y tribunales de justicia.

5. Los registros municipales deberán comunicar al Registro de Parejas de Hecho de la Comunidad Autónoma del País Vasco las inscripciones practicadas, con indicación de los pactos o convenios reguladores suscritos por los componentes de la pareja, así como las cancelaciones de las inscripciones practicadas o las modificaciones de estas que afecten al domicilio o al convenio o pacto regulador.

6. El Registro de Parejas de la Comunidad Autónoma del País Vasco se coordinará con los de similar naturaleza de otras Comunidades Autónomas a través de los correspondientes convenios.

7. La estructura y funcionamiento del Registro de Parejas de Hecho de la Comunidad Autónoma de Euskadi se establecerán reglamentariamente.

7.6. Relaciones derivadas de la pareja de hecho. Artículos 5.1, 5.2

Los miembros de la pareja de hecho podrán regular las relaciones personales y patrimoniales derivadas de su unión, mediante documento público o privado, con indicación de sus respectivos derechos y deberes, así como las compensaciones económicas para el caso de disolución de la pareja.

No podrá pactarse la constitución de una pareja de hecho con carácter temporal ni someterse a condición. Las Administraciones públicas no inscribirán en el registro los pactos que atentaran contra los derechos fundamentales y las libertades públicas de cualquiera de sus miembros.

7.7. Régimen económico de la pareja de hecho. Artículo 6

En defecto de otro pacto expreso, los miembros de la pareja podrán adherirse a las cláusulas que con carácter general se establezcan. Dichas cláusulas generales preverán:

1. La contribución al mantenimiento de la vivienda y de los gastos comunes, mediante aportación económica o trabajo personal. Se considerará contribución a los gastos comunes el trabajo doméstico, la colaboración personal o profesional no retribuida o insuficientemente retribuida a la profesión o a la empresa del otro miembro, así como los recursos procedentes de su actividad o de sus bienes, en proporción a sus ingresos respectivos, y, si éstos no fueran suficientes, en proporción a sus patrimonios. No tendrán la consideración de gastos comunes los derivados de la gestión y la defensa de los bienes propios de cada miembro, ni, en general, los que respondan al interés exclusivo de uno de los miembros de la pareja. Ninguno de los miembros podrá enajenar, gravar o, en general, disponer de su derecho sobre los bienes comunes de cualquier forma que comprometa su uso sin el consentimiento del otro.

2. Los efectos del cese, señalándose:

a) Una pensión periódica para el miembro de la pareja que la necesitara para atender adecuadamente su sustento en uno de los siguientes casos:

   1. Si la unión hubiera supuesto disminución en la capacidad del solicitante de obtener ingresos.

2. Si el cuidado de los hijos e hijas comunes a su cargo le impidieran la realización de actividades laborales o las dificultara seriamente.

b) Una compensación económica a favor del miembro de la pareja que, sin retribución o con retribución insuficiente, haya trabajado para el hogar común o para el otro miembro, en el caso de que se haya generado por este motivo una situación de desigualdad entre el patrimonio de ambos que implique un enriquecimiento injusto.

c) El derecho del superviviente, en el caso de extinción de la pareja por muerte o declaración de fallecimiento de uno de sus componentes, cuando existiese convivencia y siempre que no perjudique a la legítima de los herederos forzosos, a la propiedad del ajuar doméstico y al uso de la vivienda común durante el año siguiente a la defunción, salvo si constituyera nueva pareja de hecho o contrajera matrimonio.

7.8. Acogimiento y adopción por pareja de hecho. Artículos 7 y 8

Artículo 7

Los miembros de la pareja podrán, en los términos establecidos por la normativa vigente, formalizar el acogimiento de menores de forma conjunta con iguales derechos y deberes que las parejas unidas por matrimonio.

Artículo 8

1. Los miembros de parejas formadas por dos personas del mismo sexo podrán adoptar de forma conjunta, con iguales derechos y deberes que las parejas formadas por dos personas de distinto sexo y las parejas unidas por matrimonio.

2. La hija o hijo adoptivo o biológico de una de las partes de la pareja tendrá derecho a ser adoptado por la otra parte.

7.9. Régimen sucesorio. Artículo 9

A los efectos de la Ley 3/1992, de 1 de julio, de Derecho Civil Foral del País Vasco, las parejas de hecho tendrán la misma consideración que las casadas. Así, en relación con el régimen sucesorio y en función del Derecho Civil foral aplicable en cada caso:

1. Podrán pactar que a la muerte de uno de ellos el otro pueda conservar en usufructo la totalidad de los bienes comunes.

2. Podrán disponer conjuntamente de sus bienes en un solo instrumento, mediante el testamento mancomunado o de hermandad, pudiendo ser revocado o modificado por los miembros de la pareja.

3. Podrán nombrarse recíprocamente comisario en el testamento o pacto sucesorio.

7.10. Extinción de la pareja de hecho. Artículos 18 y 19

Artículo 18

A los efectos de la presente ley, se considerará extinguida la pareja de hecho por las siguientes causas:

a) De común acuerdo.

b) Por decisión unilateral de uno de los miembros de la pareja, comunicada fehacientemente al otro.

c) Por muerte o declaración de fallecimiento de uno de los miembros de la pareja.

d) Por matrimonio entre los propios miembros de la pareja.

e) Por matrimonio de cualquiera de los componentes de la pareja.

Artículo 19

1. Cuando se produzca la extinción de la pareja de hecho, ambos miembros de la pareja, o uno de ellos en los casos de decisión unilateral, deberán instar la cancelación de la inscripción en el correspondiente registro. Ninguna de las partes podrá constituir nueva relación de pareja sometida a esta ley sin la previa cancelación de la anterior.

2. En aquellos casos en los que se encuentre plenamente acreditado el fallecimiento de uno o de los dos integrantes de la pareja de hecho o el matrimonio de uno o de ambos, podrá practicarse la cancelación de la inscripción de oficio o a instancia de parte interesada.

7.11. Pareja de hecho y matrimonio. (Disposición adicional primera y segunda. Artículos 10, 11, 12, 13, 14, 15, 16, 17)

Disposiciones Adicionales

Primera

Todas las referencias hechas al matrimonio en las normas legales y reglamentarias aprobadas en la Comunidad Autónoma de Euskadi con anterioridad a la entrada en vigor de la presente ley se entenderán hechas también a las parejas de hecho.

Segunda

En todas las materias no reguladas expresamente en esta ley, las parejas de hecho se entenderán equiparadas al matrimonio en las relaciones jurídicas que puedan establecer con las diversas Administraciones públicas del País Vasco, con las únicas limitaciones que puedan resultar por aplicación de la normativa vigente.

Artículo 10. Régimen fiscal

Se otorgará, en el marco de las competencias normativas de la Comunidad Autónoma de Euskadi, el mismo tratamiento fiscal a las parejas de hecho que a las unidas por matrimonio.

Artículo 11. Régimen de función pública

Los miembros de las parejas de hecho tendrán la misma consideración que los cónyuges a los efectos de lo previsto en la ley de la Función Pública Vasca, y en el resto de normas que regulan el estatuto de los funcionarios del País Vasco, en cuanto a licencias, permisos, situaciones administrativas y provisión de puestos de trabajo.

Artículo 12. Mediación

En caso de desacuerdo entre los miembros de la pareja, podrá instarse, de común acuerdo, la mediación familiar en los términos que señale la normativa reguladora de esta figura.

Artículo 13. Servicios Sanitarios

En el ámbito de los servicios sanitarios, los miembros de la pareja de hecho tendrán los mismos derechos que la normativa sectorial sanitaria atribuya a los cónyuges o familiares y asimismo tendrán derecho a obtener, en términos comprensibles, información completa y continuada, verbal y escrita, sobre diagnóstico, pronóstico y alternativas de tratamiento, incluida la información y prestación de testimonio en los casos de donación y extracción de órganos.

Si fuera preciso el previo consentimiento escrito de un paciente para la realización de una intervención sanitaria y éste no se hallase capacitado para tomar decisiones, los miembros de la pareja de hecho tendrán el derecho que la legislación sanitaria reconoce a los cónyuges y familiares de los usuarios del sistema sanitario público vasco.

Artículo 14. Residencias para personas mayores

Las residencias para personas mayores, tanto públicas como privadas, dispensarán el mismo trato a las parejas de hecho que a las unidas por matrimonio, tanto en lo relativo a su acceso al centro como en las condiciones de estancia y utilización de los servicios, incluido el uso de habitaciones, la posibilidad de compartir otras instalaciones existentes y cualesquiera otras condiciones de utilización y estancia en el centro.

Artículo 15. Trámites administrativos post mórtem

En caso de fallecimiento de uno de los componentes de la pareja de hecho, el otro podrá participar en los trámites y gestiones relativas a la identificación y disposición del cadáver, enterramiento, recepción de objetos personales del difunto y cualesquiera otros que resultaran precisos, en iguales condiciones que las parejas casadas.

Artículo 16. Régimen penitenciario

La Administración de la Comunidad Autónoma de Euskadi, en el ámbito de sus competencias, velará por el tratamiento igualitario entre las parejas de hecho, sean del mismo o diferente sexo, y las parejas casadas en la aplicación de la normativa que regula los centros penitenciarios ubicados en la Comunidad Autónoma de Euskadi.

Artículo 17. Régimen laboral y de la Seguridad Social

La Administración de la Comunidad Autónoma de Euskadi, en el ámbito de sus competencias en materia social, velará por la plena equiparación de derechos entre las parejas de hecho y las casadas en la aplicación de las normas laborales y de la Seguridad Social, tanto se trate del sector público como del privado.

CAPÍTULO 2
EL MATRIMONIO

1. CONCEPTO Y NATURALEZA JURÍDICA

Ciertamente, desde el punto de vista de sus caracteres, los diferentes ordenamientos jurídicos ofrecen configuraciones normativas distintas del matrimonio. En cambio, no cabe duda de que la unión conyugal se presenta en todos ellos como el instrumento jurídico básico a través del cual los sujetos privados implican a los poderes públicos en la ordenación de sus relaciones personales, dotándolas de estabilidad, y convirtiéndolas en fuente de derechos y obligaciones. No obstante, en el Derecho español, después de la Ley de 7 de julio de 1981, la mencionada estabilidad del vínculo matrimonial no implica su indisolubilidad durante la vida de los contrayentes, al admitirse su posible extinción mediante el divorcio.

El derecho a contraer matrimonio se encuentra garantizado en el artículo 32 de la Constitución, según el cual, "el hombre y la mujer tienen derecho a contraer matrimonio con plena igualdad jurídica". Este precepto, sin ofrecer una definición precisa de matrimonio, lo perfila con claridad como una institución presidida por los principios de libertad para contraerlo y de igualdad entre los cónyuges, reservando a la ley los aspectos esenciales de su regulación. Concretamente, en relación con este último aspecto, establece en su apartado segundo que "la ley regulará las formas de matrimonio, la edad y capacidad para contraerlo, los derechos y deberes de los cónyuges, las causas de separación y disolución y sus efectos".

Por otro lado, la doctrina dominante y la jurisprudencia han defendido insistentemente que, a través del párrafo primero del artículo

32, en el que, al igual que en el antiguo artículo 44 del Código civil, se presenta al hombre y a la mujer como sujetos del derecho a contraer matrimonio, la Constitución se decanta por el carácter heterosexual del matrimonio. En este sentido, en la Resolución de la Dirección General de los Registros y del Notariado de 21 de enero de 1988, se salva el mayor obstáculo que a este planteamiento presenta la redacción del artículo 32 de la Constitución, declarando que "el hecho de que el artículo 32.1 de la Constitución proclame que 'el hombre y la mujer tienen derecho a contraer matrimonio con plena igualdad jurídica' no autoriza a concluir que, al haberse omitido por cualesquiera razones la expresión 'entre sí', la Constitución permita el matrimonio entre personas del mismo sexo". Al contrario, añade la citada Resolución, "es muy significativo que en el Capítulo segundo del Título I de la Constitución, dedicado a los derechos y libertades fundamentales es el artículo 32 el único que se preocupa de precisar que el 'hombre y la mujer' son los titulares del 'ius nubendi', mientras que en todos los demás casos se utilizan formas impersonales, como 'todos', 'toda persona', 'se garantiza', 'se reconoce', 'tienen derecho', sin estimarse necesario referir el derecho al sexo concreto de la persona".

El mismo criterio fue sostenido, entre otras, por las SSTS de 2 de julio de 1987, 15 de julio de 1988, 3 de marzo de 1989 y de 19 de abril de 1991, y la RDGRN de 2 de octubre de 1991, que aun admitiendo que el derecho al libre desarrollo de la personalidad, reconocido por el artículo 10.1 de la Constitución, posibilita que la rectificación del sexo a través de una intervención quirúrgica suponga la modificación de la inscripción de nacimiento del interesado en el Registro Civil, mantienen la prohibición del matrimonio entre personas cuyo sexo biológico sea coincidente.

Sin embargo, esta doctrina, aparentemente consolidada, se vió sustancialmente modificada por las Resoluciones de la Dirección General de los Registros y del Notariado de 8 de enero de 2001 y de 31 de enero de 2001 en las que, ante determinados supuestos, se sostiene la inexistencia de obstáculo legal para la autorización del matrimonio entre dos personas cuyo sexo biológico sea coincidente. Concretamente, la cuestión que se plantea en ellas es la de si pueden contraer matrimonio entre sí dos personas del mismo sexo biológico, en el caso de que uno de ellos se haya sometido a una intervención quirúrgica de cirugía transexual y a continuación haya obtenido una sentencia firme por la que se modifica su inscripción de nacimiento para hacer constar en el correspondiente asiento el resultado de la operación.

En todos los casos, la Dirección general, aceptó la posible celebración del matrimonio con los mismos argumentos. Según se destaca en las Resoluciones mencionadas, es cierto que la jurisprudencia del Tribunal Supremo se ha mostrado contraria a reconocer al transexual aptitud para contraer matrimonio, apuntando que la diferencia biológica de sexos es esencial y que en otro caso el matrimonio sería nulo por ausencia de consentimiento matrimonial (cfr. arts. 45 y 73.1° C.c.). Ahora bien, igualmente se señala que estas afirmaciones jurisprudenciales no constituyen la ratio decidendi de los respectivos fallos en los que se ordena la rectificación en el Registro Civil del dato sobre el sexo y, lo que es más importante, en la Sentencia de 3 de marzo de 1989 se deja a salvo que la extensión de los efectos a producir por los cambios de sexo judicialmente acordados pueda ser precisada por los Órganos Jurisdiccionales, bien en ejecución de sentencia bien en otra litis diferente. Se deja, pues, según la Dirección General, abierta la puerta para que una decisión judicial declare la capacidad del transexual para contraer matrimonio.

Sobre estas premisas, concluyeron las mencionadas Resoluciones que si la sentencia de cambio de sexo no contiene una declaración sobre la falta de capacidad matrimonial, no hay realmente obstáculos legales que impidan al transexual contraer matrimonio con persona perteneciente en realidad a otro sexo, aunque coincidan los sexos biológicos invariables de ambos contrayentes. Desde el momento que una sentencia judicial firme ha ordenado sin limitaciones el cambio de sexo, hay que estimar que este cambio se ha producido a todos los efectos. Si el principio constitucional de desarrollo de la personalidad del artículo 10-1 de la Constitución justifica, tras el síndrome transexual, la correspondiente operación quirúrgica y el tratamiento médico oportuno, el cambio de sexo judicialmente declarado, sería dejar las cosas a medio camino, creando una situación ambigua al modo del reconocimiento de un tercer sexo, si no se entendiera que ese cambio de sexo habría de ser efectivo en todos los ámbitos. Por último, se afirma en las Resoluciones, que no debe olvidarse que la solución de permitir al transexual contraer matrimonio con persona de su mismo sexo biológico es la generalizada en Derecho comparado; tiene claro apoyo en el Convenio Europeo para la Protección de los Derechos Humanos y de las Libertades Fundamentales de 4 de noviembre de 1950, y es una posibilidad que se está admitiendo en la práctica registral.

De este modo, antes de la reciente reforma operada a través de la Ley 13/2005, de 1 de julio, las parejas formadas por personas del mismo sexo biológico, siempre que una de ellas se haya sometido a la correspondiente intervención quirúrgica, podían acceder al reconocimiento legal que respecto a determinadas posiciones jurídicas proporciona el matrimonio. En otros supuestos, que evidentemente son la mayoría, estas parejas debían acudir en busca de la protección del Derecho, sin tener otra alternativa ya que no pueden casarse, a la normativa aplicable a las parejas de hecho. No obstante, esta situación se ha visto modificada por la mencionada reforma tras la cual el nuevo párrafo segundo del artículo 44 del Código civil dice que, “el matrimonio tendrá los mismos requisitos y efectos cuando ambos contrayentes sean del mismo o de diferente sexo”.

Finalmente, en cuanto la naturaleza de la institución que nos ocupa, resulta habitual destacar en el matrimonio su doble carácter de negocio jurídico y de relación jurídica. En efecto, con independencia de la necesaria sujeción de los contrayentes a la forma de celebración y a los efectos predispuestos legalmente, la esencia del matrimonio se encuentra en el acuerdo de voluntades entre ellos. Por otra parte, no puede pasar desapercibido que este acuerdo desemboca en la creación de una relación jurídica. De este modo, el término matrimonio, significa tanto el vínculo o estado conyugal que surge entre los contrayentes como el acto que lo origina.

2. EL SISTEMA MATRIMONIAL ESPAÑOL

2.1. Antecedentes

En desarrollo del principio de libertad de culto establecido por el artículo 21 la Constitución española de 1869, y más concretamente, del artículo 27, según el cual, la adquisición y ejercicio de los derechos civiles y políticos era independiente de la religión que profesasen los españoles, la Ley de 18 de Junio de 1870 impuso el matrimonio civil obligatorio. Quedaba abolido el sistema anterior en el que la forma religiosa constituía la única jurídicamente válida para contraer matrimonio. No obstante, el doble resultado de la unión civil y canónica de dos personas en matrimonio podía ser alcanzado de acuerdo a esta ley (art. 34), mediante la celebración religiosa, antes, después, o al tiempo del matrimonio civil.

Este sistema fue alterado sustancialmente por el Decreto de 9 de febrero de 1875 en el que se restablecieron los efectos civiles del matrimonio canónico. El matrimonio civil quedó reservado, con carácter excepcional, para aquellas personas que manifestasen previamente ante el Juez municipal que no profesaban la religión católica. Puede entenderse que este sistema de matrimonio civil subsidiario fue ratificado por la base 3º de la Ley de 11 de mayo de 1888 y por el antiguo artículo 42 del Código Civil. Según este precepto, "la ley reconoce dos formas de matrimonio: el canónico, que deben contraer los que profesen la religión católica, y el civil, que se celebrará del modo que determina este Código". Durante la primera etapa de vigencia de este artículo el problema que planteaba su interpretación fue resuelto por la Real Orden de 28 de Diciembre de 1900, exigiendo a quienes deseasen contraer matrimonio civil una declaración de no profesar, ambos o al menos uno de ellos, la religión católica. Esta disposición fue derogada por la Real Orden de 27 de Agosto 1906, sin embargo, otra Real Orden, en este caso de 28 de febrero 1907, supuso la vuelta al sistema anterior.

Proclamada la II República, la Orden de 10 de febrero de 1932 derogó la Real Orden de 1900, prohibiendo que se solicitase declaración alguna sobre las ideas religiosas de quienes deseasen contraer matrimonio civil. Poco después, la Ley del matrimonio civil de 28 de junio de 1932 hizo lo mismo con el artículo 42 del Código civil, estableciendo, por segunda vez en la legislación española, el sistema de matrimonio civil obligatorio.

Posteriormente, la Ley de 12 de marzo de 1938 restableció la vigencia del polémico y confuso artículo 42 del Código, y con ello, el sistema de que condicionaba la posibilidad de acceder al matrimonio civil a la declaración sobre la religión de los contrayentes. La configuración del matrimonio civil como subsidiario y reservado para los no católicos permaneció vigente durante todo el régimen del general Franco. Entre las disposiciones dictadas durante esta etapa sólo es posible distinguir, aquéllas que limitan extraordinariamente la libertad de los individuos en esta materia, y las que la anulan completamente.

La Orden del Ministerio de Justicia de 10 de Marzo de 1941 extremó las exigencias para aquéllos que deseaban contraer matrimonio civil. La declaración de los interesados de no profesar la religión católica no era suficiente, al considerarse que la pertenencia a esta religión debía ser valorada de acuerdo a un criterio objetivo. Así, según la citada disposición, los Jueces municipales no podían autorizar otros matrimonios civiles que aquéllos en que los contrayentes probasen documentalmente su acatolicidad o, en el caso de que esta prueba documental no fuese posible, presentasen una declaración jurada de no haber sido bautizados, a cuya exactitud se hallaba ligada la validez y efectos del matrimonio.

Tras el Concordato de 1953 entre el Estado Español y la Santa Sede en el que se reconocían plenos efectos civiles al matrimonio celebrado según las normas de Derecho canónico, siendo suficiente para ello que el acta de matrimonio fuese transcrita en el Registro civil, el Decreto de 26 de Octubre de 1956 confirmó la prueba de la acatolicidad de ambos contrayentes como requisito de los matrimonios civiles. No obstante, tratándose de bautizados en la Iglesia católica o de aquéllos que, convertidos en ella, hayan apostatado posteriormente e intentaren contraer matrimonio civil entre sí, o con persona acatólica, dispuso que el Juez informará de la petición a la autoridad eclesiástica diocesana de su territorio y no procedera a la celebración del matrimonio hasta transcurrido un mes de haber realizado la notificación expresada. Atendiendo a la ambigua redacción de esta última regla sólo es posible concluir que salvo que existiese la mencionada prueba de acatolicidad, la posibilidad de contraer matrimonio civil quedaba pendiente de la voluntad de la autoridad competente.

En cualquier caso, la obligatoriedad del matrimonio canónico para los católicos se desprende con claridad de la Ley de 24 de abril de 1958, a través de la cual se reformó el artículo 42 del Código civil. Según la nueva redacción del precepto: "La ley reconoce dos clases de matrimonio: el canónico y el civil. El matrimonio habrá de contraerse canónicamente cuando uno al menos de los contrayentes profese la religión católica. Se autoriza el matrimonio civil cuando se pruebe que ninguno de los contrayentes profesa la religión católica". De hecho, la jurisprudencia del Tribunal Supremo se pronunció en reiteradas ocasiones a favor de la nulidad del matrimonio civil contraído por personas obligadas a la celebración canónica, en base a su carácter imperativo y a su consideración como precepto de orden público.

Sólo después de la Ley de libertad religiosa de 28 de junio 1967 y, especialmente, tras el Decreto de 22 de Mayo de 1969, se suavizaron los requisitos de acceso al matrimonio civil. Según esta disposición, que modificó los artículos 245 y 246 del Reglamento del Registro civil, si se tratare de personas que hubieran abandonado la religión católica, se exigirá que se presente la prueba de que el abandono ha sido comunicado por el interesado al párroco de su domicilio. En otro caso, la prueba de que no se profesaba la religión católica podía efectuarse, bien mediante certificación acreditativa de la adscripción a otra confesión religiosa, o bien mediante declaración expresa del interesado.

Vigentes estos preceptos, se afirmó por la doctrina que el sistema matrimonial español era, de hecho, un sistema de matrimonio civil facultativo. No obstante, no puede olvidarse que el Real Decreto de 1 de diciembre de 1977 seguía exigiendo expresamente la declaración sobre las ideas religiosas de quienes deseaban contraer matrimonio civil.

2.2. Sistema matrimonial actual

Promulgada la Constitución de 1978, diversos preceptos resultaban incompatibles con el planteamiento legislativo vigente en la materia que nos ocupa. Por una parte, el artículo 14, que proclama la igualdad de todos los españoles ante la ley, proscribiendo cualquier discriminación por razón de nacimiento, raza, sexo, religión, opinión, o cualquier otra condición o circunstancia personal o social. Por otra, el artículo 16, en el que se garantiza la libertad ideológica, religiosa y de culto de los individuos y las comunidades, estableciendo que nadie podrá ser obligado a declarar sobre su ideología, religión o creencias. Finalmente, el artículo 32, que proclama que el hombre y la mujer tienen derecho a contraer matrimonio con plena igualdad jurídica, añadiendo que la ley regulará, entre otras cuestiones, las formas de matrimonio.

Ante estos preceptos constitucionales, la Dirección General de los Registros y del Notariado, en su Instrucción de 26 de diciembre de 1978, concluyó que los Jueces y Cónsules encargados de los Registros Civiles "deben autorizar los matrimonios civiles de las personas que lo deseen sin indagación ni declaración alguna sobre las ideas religiosas de los contrayentes", entendiendo modificados por la Constitución tanto los preceptos del Código como sus concordantes del Reglamento del Registro civil. A pesar de la importancia práctica de la citada Instrucción, quedaba pendiente la adecuación a los nuevos principios de la normativa matrimonial y, en especial, del Código civil. Igualmente, la ordenación de las relaciones entre el Estado y la Santa Sede en esta materia debían adaptarse a la realidad constitucional.

A este último objetivo atiende el artículo VI del Acuerdo con la Santa Sede sobre asuntos jurídicos, firmado el 3 de enero de 1979. Según el apartado primero de este precepto, fundamental en el tema que nos ocupa, "el Estado reconoce efectos civiles al matrimonio celebrado según las normas de Derecho canónico. Los efectos civiles del matrimonio canónico se producen desde su celebración. Para el pleno reconocimiento de los mismos, será necesaria la inscripción en el Registro Civil, que se practicará con la simple certificación eclesiástica de la existencia del matrimonio".

Por otro lado, el apartado segundo del citado artículo VI se ocupa de la jurisdicción de los Tribunales eclesiásticos en materia de nulidad matrimonial. Según dispone, "los contrayentes, a tenor de las disposiciones de Derecho canónico, podrán acudir a los Tribunales eclesiásticos solicitando la declaración de nulidad o pedir la decisión pontificia sobre matrimonio rato y no consumado. A solicitud de cualquiera de las partes, dichas resoluciones eclesiásticas tendrán eficacia en el orden civil si se declaran ajustadas al Derecho del Estado en resolución dictada por el Tribunal civil competente". Como puede comprobarse, de acuerdo a este precepto, la Iglesia Católica queda privada del monopolio en cuanto a la declaración de nulidad de los matrimonios celebrados canónicamente, y las resoluciones de sus Tribunales carecen de eficacia civil automática[1].

Los términos en los que se pronuncia el Acuerdo permitieron discutir si éste configura un *sistema de matrimonio civil facultativo de tipo latino*, en el que se reconocen dos clases de matrimonio, el civil y el religioso, sujetos a regulaciones distintas, o un *sistema de matrimonio civil de tipo anglosajón*, con forma religiosa o civil facultativa, en el que sólo existe un matrimonio, el ordenado por el Código civil. Sin embargo, la duda quedó despejada a favor de la segunda interpretación, en opinión compartida por la doctrina mayoritaria, si atendemos a la Ley 30/1981, de 7 de julio, a través de la cual quedaron reformados, entre otros, los preceptos relativos al sistema matrimonial español.

En virtud del vigente artículo 49 del Código civil, "Cualquier español podrá contraer matrimonio dentro o fuera de España: 1° Ante el Juez, Alcalde o funcionario señalado por este Código. 2° En la forma religiosa legalmente prevista". No existen, por tanto, dos clases de matrimonio como proclamaba el antiguo artículo 42, sino dos posibilidades para exteriorizar con eficacia la voluntad de contraer el matrimonio disciplinado por el Código civil. El matrimonio canónico pasa a ser una de la diversas formas de celebración admitidas legalmente. En la misma línea se sitúan los artículos 59 y 60, que bajo la rúbrica "De la celebración en forma religiosa", extienden a todas las confesiones religiosas inscritas lo convenido entre el Estado y la Santa Sede en el Acuerdo de 3 de enero de 1979. Según el primero de ellos, "el consen-

---

(1) El apartado tercero, señala que "la Santa Sede reafirma el valor permanente de su doctrina sobre el matrimonio y recuerda a quienes celebren matrimonio canó-nico la obligación grave que asumen de atenerse a las normas canónicas que lo regu-lan y, en especial, a respetar sus propiedades esenciales". Parece claro que la regla transcrita contiene una declaración unilateral de una de las partes del Acuerdo, sin que de ella pueda derivarse consecuencia alguna en el orden civil.

timiento matrimonial podrá prestarse en la forma prevista por una confesión religiosa inscrita, en los términos acordados con el Estado o, en su defecto, autorizados por la legislación de éste". Por su parte, dispone el artículo 60 que "el matrimonio celebrado según la normas del Derecho canónico o en cualquiera de las formas previstas en el artículo anterior produce efectos civiles. Para el pleno reconocimiento de los mismos se estará a lo dispuesto por el capítulo siguiente".

Sin embargo, el precepto realmente clarificador del sistema matrimonial actual es el artículo 63, que se ocupa de la potestad de calificación que corresponde al encargado del Registro civil sobre los matrimonios celebrados en forma religiosa. De acuerdo al mismo, "la inscripción del matrimonio celebrado en España en forma religiosa se practicará con la simple presentación de la certificación de la iglesia o confesión respectiva, que habrá de expresar las circunstancias exigidas por la legislación del Registro civil", añadiendo que en su párrafo segundo, que "se denegará la práctica del asiento, cuando de los documentos presentados o de los asientos del Registro correspondiente conste que el matrimonio no reúne los requisitos que para su validez se exigen en este título". De este modo, la certificación eclesiástica no es suficiente en todo caso para que el matrimonio acceda al Registro civil, como puede entenderse que se deduce del Protocolo Final del Acuerdo de 1979, sino que, al igual que en los matrimonios contraídos de acuerdo a otra de las posibles formas de celebración, la eficacia del matrimonio canónico está condicionada al cumplimiento de los requisitos de validez establecidos por el Código civil.

Esta conclusión de la existencia de un único matrimonio, con formas diferentes de celebración, se ve confirmada por diversos preceptos del Código civil. Entre ellos, cabe destacar los artículos 73, 81 y 86 que al establecer, respectivamente, las causas de nulidad, separación y divorcio, ordenan expresamente su eficacia "cualquiera que sea la forma de celebración".

3. LA PROMESA DE MATRIMONIO

Entendemos por promesa de matrimonio, tradicionalmente denominada esponsales, el compromiso o declaración de voluntad de dos personas de contraer matrimonio entre sí en el futuro. Su régimen legal, tras la reforma de 7 de julio de 1981, se encuentra recogido en los artículos 42 y 43 del Código civil.

Concretamente, señala el artículo 42 que "la promesa de matrimonio no produce obligación de contraerlo ni de cumplir lo que se hubiera estipulado para el supuesto de su no celebración". Se trata, de una disposición que encuentra su fundamento en el derecho absoluto del hombre y la mujer a contraer matrimonio y en el consiguiente carácter incoercible del consentimiento matrimonial. En definitiva, la promesa recíproca de futuro matrimonio no constituye un contrato ni un precontrato, sino un acto social carente de eficacia vinculante. El párrafo segundo del citado artículo en el que ordena el Código que "ni siquiera se admitirá a trámite la demanda en la que se pretenda su cumplimiento", aunque refuerza la ausencia de eficacia alguna de la promesa, ha de calificarse como una disposición innecesaria y poco propia de una ley sustantiva.

No obstante, el legislador es consciente que la existencia de la promesa ha podido dar lugar a diversos gastos, o a la asunción de obligaciones, en consideración al matrimonio proyectado. Desde esta segunda perspectiva, eminentemente económica, el Código civil considera a la promesa de matrimonio fuente de responsabilidad, en el caso de que concurran los requisitos que se determinan en el artículo 43. Debe tratarse, en primer lugar, de un incumplimiento sin causa. A los efectos de valorar la existencia de este requisito, la autoridad judicial debe tener en cuenta, el criterio personal que respecto al hecho que motiva la ruptura tenga el prometido que se niega a contraer matrimonio y, subsidiariamente, en especial cuando éste no es conocido por el otro esponsal, el criterio dominante en el entorno social de los prometidos. La promesa ha de ser cierta, es decir, debe haber existido una verdadera voluntad de contraer matrimonio, no siendo preciso que haya sido recogida por escrito. Por otro lado, debe tratarse de una promesa hecha por persona mayor de edad o menor emancipado. Por último, no debe haber transcurrido más de un año desde la negativa a la celebración del matrimonio, siendo éste, según el Código, un plazo de caducidad. Sin embargo, en opinión de DÍEZ-PICAZO y GULLÓN, su verdadera naturaleza es de prescripción como cualquier otra acción indemnizatoria.

En cuanto al objeto de la indemnización, según el precepto se limita a "los gastos hechos y las obligaciones contraídas en consideración al matrimonio prometido". Esta obligación de resarcimiento se refiere a las cantidades abonadas o comprometidas con posterioridad a la promesa y directamente vinculadas a ella. Además, como establece la STS de 16 de diciembre de 1996, no quedan incluidos los daños morales causados al novio o novia abandonado. Finalmente, aunque el Código sólo reconoce esta acción frente al prometido que rehúsa contraer matrimonio, ha de estimarse que también puede interponerse contra el esponsal que provoca la ruptura del compromiso.

CAPÍTULO 3
REQUISITOS DEL MATRIMONIO

1. LOS REQUISITOS DEL MATRIMONIO

El artículo 32 de la Constitución, tras recoger el derecho de toda persona a contraer matrimonio, señala que "la ley regulará las formas de matrimonio, la edad y capacidad para contraerlo, los derechos y deberes de los cónyuges, las causas de separación y disolución y sus efectos". De este modo, el posible ejercicio del *ius connubii* está sometido al cumplimiento de los requisitos legalmente establecidos. Lógicamente, las restricciones que la ley establezca a este derecho no pueden vulnerar el principio constitucional de no discriminación por razón de nacimiento, raza, sexo, religión, opinión, o cualquier otra condición o circunstancia personal o social. Cualquier disposición que condicione el derecho a contraer matrimonio de un individuo a una de estas circunstancias debe estimarse inconstitucional.

En este contexto ha de ser interpretado el artículo 44 del Código civil, según el cual, "el hombre y la mujer tienen derecho a contraer matrimonio conforme a las disposiciones de este Código", y, con carácter general, todas las disposiciones del capítulo II, título IV, Libro I del Código civil que se recogen bajo la rúbrica "De los requisitos del matrimonio". Además, siendo el matrimonio un negocio jurídico formal, su celebración debe realizarse a través de los cauces y cumpliendo las solemnidades señaladas por el ordenamiento jurídico. De esta última cuestión se ocupa el Código civil en el capítulo III, título IV, Libro I, dedicado a la forma de celebración del matrimonio.

2. CAPACIDAD Y PROHIBICIONES PARA CONTRAER MATRIMONIO

2.1. Planteamiento

Aunque no se afirme expresamente ha de entenderse que, como principio general, pueden contraer matrimonio todas aquellas personas a las que ley no se lo prohíba expresamente. A los efectos de determinar estas limitaciones, debemos acudir a los artículos 46 y 47 del Código civil, en los que se recogen, según la doctrina tradicional, los denominados impedimentos matrimoniales, y al artículo 48, que se ocupa de su posible dispensa.

Entre estas limitaciones previstas en el Código cabe distinguir, las limitaciones *absolutas* (edad, vínculo anterior subsistente), que suponen para el sujeto en quien concurren la imposibilidad total de contraer matrimonio, y las limitaciones *relativas* (parentesco, crimen), que le imposibilitan únicamente para contraer matrimonio con determinadas personas.

2.2. La edad

Según el artículo 46.1° del Código civil, no pueden contraer matrimonio, "los menores de edad no emancipados". El precepto, acorde con la tendencia del Derecho comparado, modifica el criterio vigente hasta la reforma de 7 de julio de 1981, que situaba la edad para contraer matrimonio en 14 años para el hombre y 12 para la mujer. De este modo, el legislador intenta garantizar la madurez de juicio para hacer frente a las responsabilidades que se derivan del matrimonio, olvidándose de la capacidad para la procreación como criterio determinante.

La consecuencia es que, en principio, sólo los mayores de edad y los menores que se encuentren emancipados al tiempo de contraer matrimonio pueden casarse. La emancipación ha podido tener lugar por concesión de los que ejerzan la patria potestad (artículo 317 C.c.), o por concesión judicial (artículo 320 C.c.). En ambos casos, se requiere que el menor tenga dieciséis años cumplidos. Además, parece razonable extender la posibilidad de contraer matrimonio, al igual que el resto de los efectos de la emancipación (artículo 319 C.c.), al hijo mayor de dieciséis años que con el consentimiento de los padres viviere independientemente de ellos. La revocación de este consentimiento, admitida por el artículo 319, no determinará la nulidad del matrimonio siempre que se produzca con posterioridad a su celebración.

No obstante, este impedimento no condiciona en todo caso la posibilidad de que el matrimonio de un menor no emancipado tenga lugar, sino que el Código civil permite que ante determinadas circunstancias sea objeto de dispensa. Concretamente, dispone el artículo 48.2 que el Juez de Primera Instancia, con justa causa y a instancia de parte, puede dispensar el impedimento de edad, oído el menor y sus padres o guardadores, siempre que el menor haya cumplido los catorce años. Celebrado el matrimonio, tendrá lugar la emancipación, de acuerdo con los artículos 314 y 316 C.c.

En cuanto a la justa causa que exige el artículo 48.2, cabe entender aplicable la doctrina de la RDGRN de 8 de Diciembre de 1987, según la cual, ésta habrá de deducirse de la necesaria audiencia del menor y de sus padres. Por esto, añade la citada Resolución, debe ser concedida "si de las comparecencias correspondientes ante el Juez se desprende que no hay presión ni coacción de nadie para que la menor contraiga el matrimonio y que ésta conoce perfectamente la institución matrimonial".

Un supuesto particular es resuelto por la RDGRN de 7 de abril de 1995, que confirma el auto del Juez, concediendo la dispensa, pese a la oposición de la abuela paterna, guardadora de hecho del menor. Según esta Resolución, son circunstancias que aconsejan la concesión de la dispensa: la edad del contrayente, huérfano de diecisiete años; su convivencia hoy, fuera de la casa paterna, con una mujer a la hija de la cual ha reconocido; y su propósito de fundar una familia.

2.3. El vínculo matrimonial previo

Establece el artículo 46.2° que no pueden contraer matrimonio "los que estén ligados con vínculo matrimonial". Se trata, de un impedimento no dispensable que supone la nulidad del segundo o ulterior matrimonio, por aplicación del artículo 73.2 C.c. Para que el impedimento exista, el matrimonio anterior ha de ser válido y subsistente.

La declaración de nulidad, o la disolución por muerte, declaración de fallecimiento o divorcio deben producirse con anterioridad a la celebración del segundo matrimonio. El divorcio obtenido en el extranjero no prueba la disolución del vínculo, pues para este resultado es imprescindible, conforme a los artículos 9 y 107 del Código civil, que se obtenga previamente el "execuatur" de la sentencia extranjera (RRDGRN de 12 de febrero de 1994, 29 de octubre de 1994 y 11 de noviembre de 1995).

2.4. El parentesco

Según el artículo 47 C.c., "tampoco pueden contraer matrimonio entre sí:

1° los parientes en línea recta por consanguinidad o adopción.

2° los colaterales por consanguinidad hasta el tercer grado".

El precepto no se refiere al parentesco por afinidad, a diferencia de lo que sucedía antes de la reforma de 1981. Debe estimarse, por tanto, que los parientes por afinidad pueden contraer matrimonio sin limitación alguna.

Por otro lado, en el caso de la filiación por adopción el impedimento se limita al parentesco en línea recta, lo cual, podría estimarse contrario al principio, establecido por el artículo 108.2 C.c., de igualdad efectos de la filiación por naturaleza y la filiación adoptiva (ALBALADEJO). No obstante, igualmente cabe entender que el parentesco colateral causado por la adopción no es propiamente efecto de la filiación adoptiva (LACRUZ). A favor de esta segunda interpretación puede argumentarse que en contra de estos matrimonios no pueden esgrimirse razones de eugenesia, sino únicamente consideraciones morales.

En cuanto a la situación del adoptado, cabe recordar que, aunque la adopción produce la extinción de los vínculos jurídicos entre el adoptado y su familia anterior (art. 178.1 C.c.), el apartado tercero del mismo precepto deja subsistente lo dispuesto sobre impedimentos matrimoniales.

El impedimento de parentesco sólo es dispensable para los colaterales en tercer grado, por el Juez de Primera Instancia, con justa causa y a instancia de parte (art. 48.2 C.c.). En el caso resuelto por la RDGRN de 18 de octubre de 1995, el Juez encargado no estimó como causa suficiente para la dispensa el hecho comprobado de que, por incapacidad física del primero, tío y sobrina estén conviviendo juntos durante veintidós años. Sin embargo, la Dirección General estima el recurso presentado, afirmando que "el artículo 260 RRC señala que quien solicite la dispensa debe acreditar los motivos de índole particular, familiar o social que invoque y, aunque tanto estas expresiones como la misma de la justa causa, constituyan conceptos indeterminados de difícil evaluación, es menester entender que una convivencia prolongada y voluntaria entre tío y sobrina puede ser tal fuente de afecto entre ambos, que, sobrepasando el del simple parentesco, llegue a la *affectio maritalis*, cuya real existencia depende de la voluntad íntima de las personas y no puede desvelarse so pena de permitir intromisiones legítimas en su intimidad".

2.5. El crimen

En virtud del artículo 47 C.c. tampoco pueden contraer matrimonio entre sí: "3° los condenados como autores o cómplices de la muerte dolosa del cónyuge de cualquiera de ellos".

El impedimento no alcanza a los encubridores, ni a los supuestos de muerte por imprudencia. No obstante, a pesar del tenor literal del precepto, si la condena fuese posterior a la celebración del matrimonio provocaría su nulidad.

De acuerdo con el artículo 48.1 C.c., "el Ministro de Justicia puede dispensar a instancia de parte, el impedimento de muerte dolosa del cónyuge anterior". A diferencia de los supuestos anteriores, el Código civil no se exige justa causa para conceder la dispensa. Sin embargo, al margen de que resultaría difícilmente sostenible una concesión sin ella, la necesidad de que exista puede fundamentarse en la aplicación del artículo 260 de Reglamento del Registro civil que requiere la concurrencia de justa causa para todos los supuestos de dispensa.

2.6. Eficacia de la dispensa posterior

En principio, el matrimonio contraído en contra de lo establecido por los artículos 46 y 47 del Código civil sería nulo por la aplicación de lo dispuesto en el artículo 73.2 C.c., salvo que el correspondiente impedimento haya sido dispensado por la autoridad competente en cada caso.

Sin embargo, el párrafo tercero del artículo 48 C.c. señala que "la dispensa ulterior convalida, desde su celebración, el matrimonio cuya nulidad no haya sido instada judicialmente por alguna de las partes". Por lo tanto, obtenida la dispensa, el matrimonio inicialmente nulo queda convalidado con efectos retroactivos, resultando válido desde el día de su celebración. Si la acción de nulidad ha sido ejercitada con anterioridad a la solicitud de dispensa, continuará el procedimiento de nulidad. El mismo efecto se produce, según ALBALADEJO, si es instada la nulidad por uno de los contrayentes después de solicitada la dispensa por el otro.

3. EL CONSENTIMIENTO MATRIMONIAL

3.1. El consentimiento como elemento esencial de matrimonio

El artículo 45.1 C.c. establece taxativamente que "no hay matrimonio sin consentimiento matrimonial", y según el artículo 73.1 C.c., es nulo cualquiera que sea la forma de su celebración, "el matrimonio contraído sin consentimiento matrimonial".

De ambos preceptos se desprende inequívocamente la misma conclusión. No es posible la válida celebración de un matrimonio sin que los contrayentes teniendo una noción básica del fundamento, características, y efectos de institución matrimonial manifiesten recíprocamente su voluntad de someterse a ellos. Por lo tanto, no se trata, únicamente, de que los contrayentes contesten afirmativamente a la pregunta que se les formula por la autoridad ante la que se celebra el matrimonio. Como se deduce del calificativo *matrimonial* que el legislador utiliza reiteradamente, debe existir una voluntad específica de contraer matrimonio, con el significado que el ordenamiento le atribuye al concepto.

El primer problema se presenta con la determinación de las personas con aptitud para prestar este consentimiento. Antes de la reforma de 1981, el Código civil, enfocando la cuestión desde la perspectiva de la capacidad para contraer matrimonio, consideraba la enfermedad mental como un impedimento matrimonial. Según el derogado artículo 83.2, no podían contraer matrimonio, "los que no estuvieren en el pleno ejercicio de su razón al tiempo de contraerlo". Como explica ALBALADEJO, la supresión de este precepto no se debe a que actualmente se permita casarse a quien no está en su sano juicio, sino a que, con buen criterio, el legislador ha comprendido que quien no se halla en el ejercicio de su razón, es decir, padece la denominada incapacidad natural de falta de sano juicio, carece del entendimiento y voluntad necesarios para prestar consentimiento, por lo que sin necesidad del precepto específico derogado, no le cabe casarse, ya que "no hay matrimonio sin consentimiento matrimonial" (art. 45.1).

Admitidas estas ideas, conviene advertir que el factor determinante de la falta de aptitud para prestar consentimiento matrimonial de una persona no es el hecho de que se encuentre incapacitada judicialmente. Como recuerda la RDGRN de 18 de marzo de 1994, pese a que para las personas totalmente incapacitadas según el tenor de la sentencia (cfr. arts. 200 y 210 C.c.) desaparece la presunción general de capacidad de los mayores de edad (cfr. art. 322), ello no es óbice para que fuera del ámbito estrictamente patrimonial, los incapacitados puedan celebrar válidamente determinados actos jurídicos. Así ocurre con el testamento (cfr. art. 665 C.c.) y también con el matrimonio (cfr. art. 56. 2 C.c.), si bien en ambos casos se exigen determinadas garantías previas para cerciorarse de la capacidad natural de la persona afectada. Concretamente respecto del matrimonio, añade la citada Resolución, el artículo 56 del Código civil establece en su segundo párrafo que "si alguno de los contrayentes estuviere afectado por deficiencias o anomalías psíquicas, se exigirá dictamen médico sobre su aptitud para prestar consentimiento".

Por lo tanto, este precepto ha de estimarse aplicable tanto al incapacitado judicialmente como al que no lo esté. En el caso de que, aún existiendo estas anomalías, el Juez no exija el correspondiente dictamen, el matrimonio sólo podrá ser declarado nulo si se prueba la falta de consentimiento. Igualmente, esta prueba posterior puede dar lugar a la nulidad del matrimonio si el informe emitido estuviera equivocado.

Por otra parte, la referencia al consentimiento que efectúa el artículo 45 C.c. no viene acompañada, como cabría esperar, de una regulación específica de los vicios del consentimiento matrimonial. Sin embargo, esto no supone la ausencia de una normativa directamente dirigida a este fin. Si acudimos al artículo 73 C.c., donde se regulan los supuestos de nulidad matrimonial, nos encontramos con que sus apartados 4° y 5° se refieren a esta cuestión, incluyendo entre ellos, el matrimonio contraído por error en la identidad o en las cualidades de la persona, así como el contraído por coacción o miedo grave. Volveremos sobre este tema al estudiar las causas de nulidad matrimonial.

Finalmente, cabe señalar que el matrimonio es, por esencia, un negocio jurídico puro. Por ello, señala el párrafo segundo del artículo 45, que "la condición, término o modo del consentimiento se tendrá por no puesta". El matrimonio como negocio jurídico no admite los llamados elementos accidentales. De hecho, en la configuración de la relación matrimonial la autonomía de la voluntad queda circunscrita al ámbito patrimonial. La consecuencia que se establece en el precepto, esto es, la validez del matrimonio sin que pueda exigirse el cumplimiento de la condición, término o modo, decae si se prueba la ausencia de consentimiento matrimonial.

3.2. La simulación y la reserva mental

La simulación supone que ambos contrayentes prestan su consentimiento, excluyendo la producción de los efectos que el ordenamiento jurídico atribuye a la institución. Frente a ella, en la reserva mental, es sólo uno de los contrayentes quien emite el consentimiento sin estar dispuesto a asumir las consecuencias que de él se derivan.

Aunque el Código civil no se refiere directamente a estos supuestos, a diferencia del Proyecto de reforma que recogía la simulación como causa de nulidad, en ellos nos encontramos ante un matrimonio sin consentimiento matrimonial y, por tanto, nulo según el artículo 73.1 C.c. En el caso de la simulación, ambos contrayentes serán considerados de mala fe, mientras que en la reserva mental en todo caso lo será aquél en quien concurre. El hecho de que el otro contrayente conozca su existencia, sólo puede servir de base para que también se concluya su mala fe.

Uno de los casos más habituales de los llamados matrimonios de complacencia es el contraído entre un extranjero y un ciudadano español con el objetivo de que el primero obtenga la entrada o la regularización de su estancia en España. Precisamente, un supuesto de este tipo es analizado por la RDGRN de 22 de noviembre de 1995. Esta Resolución recuerda que a los efectos de evitar que estos matrimonios lleguen a celebrarse en el territorio español la Dirección General dictó la Instrucción de 9 de enero de 1995, en la que se reafirma la importancia que en el expediente previo a la celebración del matrimonio tiene el trámite de audiencia personal, reservada y por separado, de cada contrayente (cfr. art. 246 RRC), como medio para apreciar cualquier obstáculo o impedimento para el enlace (cfr. arts. 56.1 C.c. y 245 y 247 RRC), entre ellos, la ausencia de consentimiento matrimonial. Análogas medidas, añade la Resolución, deben adoptarse cuando se trata de inscribir en el Registro Consular o en el Central un matrimonio ya celebrado en la forma extranjera permitida por la *lex loci*.

3.3. El matrimonio por poder

En principio, el consentimiento matrimonial debe ser prestado por cada uno de los contrayentes concurriendo al acto de celebración del matrimonio. Sin embargo, en determinados supuestos, el artículo 55 C.c. permite que en el expediente matrimonial se autorice que uno de ellos actúe a través de un apoderado a quien haya concedido poder en forma auténtica, siendo necesaria la asistencia personal del otro contrayente. A los efectos de conceder tal autorización, es preciso que el contrayente no resida en el distrito o demarcación del Juez, Alcalde o funcionario ante quien se celebre el matrimonio.

En cuanto al contenido del poder, señala el párrafo segundo del artículo 55 C.c. que en él "se determinará la persona con quien ha de celebrarse el matrimonio, con expresión de las circunstancias personales necesarias para poder establecer su identidad". Como admite unánimemente la doctrina, el apoderado es un simple portador de la voluntad de uno de los contrayentes que está obligado a transmitir en el momento oportuno.

El poder se extinguirá en los siguientes casos (art. 55.3 C.c.):

1º Por revocación del poderdante. A estos efectos, bastará la manifestación del poderdante en forma auténtica antes de la celebración del matrimonio. Aunque se exige expresamente que la revocación se notifique de inmediato al Juez, Alcalde o funcionario autorizante, si la revocación no se comunica y se celebra el matrimonio, éste será nulo por falta de consentimiento.

2º Por renuncia del apoderado.

3º Por muerte del apoderado o del poderdante.

4. LOS REQUISITOS FORMALES DEL MATRIMONIO

4.1. La forma civil de celebración

A) Competencia

La autoridad ante la cual se celebra el matrimonio ha de ser competente tanto funcional como territorialmente. De la competencia funcional, se ocupa el artículo 51 C.c., estableciendo que será competente para autorizar el matrimonio.

1º El Juez encargado del Registro civil y el Alcalde del municipio donde se celebre el matrimonio o concejal en quién delegue.

Esta competencia del alcalde o concejal fue introducida por la Ley 35/1994, de 23 de diciembre, de modificación del Código civil en materia de autorización del matrimonio por los alcaldes. Sin embargo, como recuerda la Instrucción de la Dirección General de los Registros y del Notariado de 26 de enero de 1995, no se trata de una innovación total del sistema sino de la generalización a todos los municipios de un régimen competencial que ya estaba reconocido en favor de los alcaldes en las poblaciones en que no existía Juez de Primera Instancia encargado del Registro Civil.

La opción entre el Juez o el alcalde corresponde únicamente a los contrayentes, quienes deben manifestar su voluntad durante la tramitación del expediente previo. Conviene aclarar que la instrucción registral del expediente, sigue correspondiendo al órgano judicial, careciendo de competencia para ello las Corporaciones locales. Únicamente hay especialidades, señala la Instrucción de 26 de enero de 1995, en el momento final de la celebración, una vez aprobado el expediente previo con auto firme favorable.

2º En los municipios donde no resida dicho Juez, el delegado designado reglamentariamente.

3º El funcionario diplomático o consular encargado del Registro civil en el extranjero.

Por su parte, el artículo 57 C.c. se refiere a la competencia territorial, señalando que el matrimonio deberá celebrarse ante el Juez, Alcalde o funcionario correspondiente al domicilio de cualquiera de los contrayentes. En principio, los contrayentes deben optar por el Juez, Alcalde o funcionario correspondiente al domicilio de uno de ellos, salvo que su domicilio sea coincidente. No obstante, en virtud de lo dispuesto en el párrafo segundo del artículo 57 C.c., "la prestación del consentimiento podrá también realizarse, por delegación del instructor del expediente, bien a petición de los contrayentes bien de oficio, ante Juez, Alcalde o funcionario de otra población distinta". Como se deduce del precepto transcrito, la delegación afecta únicamente a la celebración de la ceremonia matrimonial, en ningún caso, a la tramitación del expediente previo.

B) El expediente matrimonial

Ordena el artículo 56.1 C.c. que "quienes deseen contraer matrimonio acreditarán previamente, en expediente tramitado conforme a la legislación del Registro Civil, que reúnen los requisitos de capacidad establecidos en este Código". La instrucción de este expediente corresponde al Juez de Primera Instancia, al Juez de Paz, bajo la dirección y por delegación de aquél, o al Encargado del Registro civil consular correspondiente al domicilio de cualquiera de los contrayentes (arts. 238 y 239 RRC). En los matrimonios celebrados en forma religiosa, de los que nos ocuparemos posteriormente, no se exige su tramitación, salvo que se trate de religiones distintas a la Iglesia Católica.

La regulación concreta del expediente, se encuentra en los artículos 240 y ss. del Reglamento del Registro civil. El expediente se inicia con la presentación de un escrito, que contendrá, según el artículo 240 RRC: 1° Las menciones de identidad, incluso la profesión, de los contrayentes; 2° En su caso, el nombre y apellidos del cónyuge o cónyuges anteriores y fecha de la disolución del matrimonio; 3° La declaración de que no existe impedimento para el matrimonio; 4° El Juez o funcionario elegido, en su caso, para la celebración; 5° El pueblo o pueblos en que hubiesen residido o estado domiciliados en los dos últimos años. Además, exige el artículo 241 RRC. que se presente prueba del nacimiento y, en su caso, la prueba de la disolución de los anteriores vínculos, la emancipación o la dispensa. El escrito inicial debe ser ratificado por los contrayentes, pudiendo, el contrayente que no esté domiciliado en la demarcación del Registro donde se instruya el expediente, realizarla por comparecencia ante otro Registro civil español o por medio de poder especial (art. 242 RRC.).

Posteriormente, se publicarán edictos o proclamas por espacio de quince días exclusivamente en las poblaciones en cuya demarcación hubiesen residido o estado domiciliados los interesados en los dos últimos años y que tengan menos de 25.000 habitantes de derecho, según el último censo oficial, o bien que correspondan a la circunscripción de un Consulado español con menos de 25.000 personas en el registro de matrícula (art. 243 RRC.). Si los interesados hubieran residido durante los dos últimos años en poblaciones que no reúnan las condiciones expresadas en el artículo anterior, el trámite de edictos o proclamas se sustituirá por la audiencia, al menos, de un pariente, amigo o allegado de uno u otro contrayente, elegido por el instructor y que deberá manifestar, so pena de falsedad, su convencimiento de que el matrimonio proyectado no incurre en prohibición legal alguna (art. 244 RRC.).

Mientras se tramitan los edictos o diligencias sustitutorias se practicarán las pruebas propuestas o acordadas de oficio encaminadas a acreditar el estado, capacidad o domicilio de los contrayentes o cualesquiera otros extremos necesarios (art. 245.1 RRC). Por otro lado, el instructor, oirá a ambos contrayentes reservadamente y por separado para cerciorarse de la inexistencia de impedimento de ligamen o de cualquier otro obstáculo legal para la celebración. La audiencia del contrayente no domiciliado en la demarcación del instructor podrá practicarse ante el Registro Civil del domicilio de aquél (art. 246 RRC).

El expediente termina con un auto de aprobación o denegación de la celebración del matrimonio, contra el que cabe recurso en vía gubernativa (art. 247.2 RRC.). Firme el auto favorable a la celebración, ésta podrá llevarse a cabo (art. 249 RRC.).

C) La ceremonia matrimonial

El artículo 57 C.c., anteriormente analizado, además de determinar la competencia territorial de la autoridad ante la que ha de celebrarse el matrimonio, exige la presencia en la ceremonia de dos testigos mayores de edad. La intervención de los testigos se limita a firmar, junto al Juez, Alcalde o funcionario y los contrayentes, el acta o inscripción con la que finaliza el acto de celebración del matrimonio.

Esta ceremonia, atendiendo al artículo 58 C.c., comienza con la lectura por el Juez, Alcalde o funcionario de los artículos 66, 67 y 68 del Código Civil, en los que se recuerda a los contrayentes el principio de igualdad conyugal y sus obligaciones en la espera personal. Tras ello, se preguntará a cada uno de los contrayentes si consienten en contraer matrimonio con el otro y si efectivamente lo contraen en dicho acto. Respondiendo ambos afirmativamente, el Juez, Alcalde o funcionario, declarará que los mismos quedan unidos en matrimonio y extenderá la inscripción o el acta correspondiente.

El artículo 58 C.c., al igual que el artículo 62 C.c., ordena que la autoridad ante la cual se celebra el matrimonio extienda el *acta o inscripción* correspondiente. El Juez, o el funcionario encargado del Registro civil en el extranjero, inscribirá directamente el matrimonio en el Registro. Sin embargo, el Alcalde, extenderá el acta que remitirá al Registro civil para su inscripción.

4.2. La inscripción del matrimonio en el Registro civil

Según el artículo 61.1 C.c., "el matrimonio produce efectos civiles desde su celebración", de lo que se deduce que la inscripción del matrimonio en el Registro civil no tiene valor constitutivo, sino declarativo. Sin embargo, la intención del precepto no es dejar a la voluntad de los particulares el acceso al Registro de los matrimonios, ya que, inmediatamente añade en su párrafo segundo que "para el pleno reconocimiento de los mismos será necesaria su inscripción en el Registro civil".

El legislador, sin llegar a privar de efectos al matrimonio no inscrito, no puede prescindir del interés general que suscita que quede constancia de la celebración del matrimonio. Por ello, el artículo 62 C.c. ordena que el Juez, Alcalde o funcionario ante quien se celebre el matrimonio extienda, inmediatamente después de celebrado, la inscripción o el acta correspondiente con su firma y la de los contrayentes y testigos. Además, tampoco es posible olvidar que de acuerdo al artículo 327 C.c., y concordantes de la Legislación del Registro civil, "las actas del Registro serán la prueba del estado civil, la cual sólo podrá ser suplida por otras en el caso de que no hayan existido aquéllas o hubiesen desaparecido los libros del Registro, o cuando ante los Tribunales se suscite contienda".

Finalmente, establece el artículo 61.3 C.c. que "el matrimonio no inscrito no perjudicará los derechos adquiridos de buena fe por terceras personas". De este modo, cabe concluir que el matrimonio no inscrito despliega todos sus efectos entre los cónyuges, sin embargo, frente a terceros, la falta de inscripción impide que se vean perjudicados sus derechos adquiridos de buena fe.

4.3. El matrimonio secreto y el matrimonio contraído en peligro de muerte

Junto a la forma civil ordinaria el Código civil regula como formas excepcionales el matrimonio secreto y el matrimonio en peligro de muerte. En ellos, por diferentes razones, los contrayentes quedan dispensados del cumplimiento de alguno de los requisitos de forma anteriormente expuestos.

En el matrimonio secreto, previsto en el artículo 54 C.c., el expediente se tramitará reservadamente, sin la publicación de edictos o proclamas. La autorización para su celebración, según el citado precepto, corresponde al Ministerio de Justicia cuando concurra causa grave suficientemente probada. Esta autorización, se concederá a propuesta de la Dirección General (art. 267 RRC).

Para el reconocimiento del matrimonio secreto, según el artículo 64 C.c., "basta su inscripción en el libro especial del Registro Civil Central, pero no perjudicará los derechos adquiridos de buena fe por terceras personas sino desde su publicación en el Registro Civil ordinario". Por tanto, aunque para los cónyuges este matrimonio tenga efectos desde su celebración, respecto a los terceros plantea la misma situación que un matrimonio no inscrito, dado el carácter secreto de la inscripción que proclama el artículo 268.1 RRC. La obligación de guardar secreto se extiende a los cónyuges, mientras ambos no consientan la divulgación, y a los que intervienen en las diligencias para la celebración o inscripción (art. 268.2 RRC).

La inscripción en el Registro Civil ordinario procede, conforme al artículo 79 de la Ley del Registro Civil, a petición de ambos contrayentes de común acuerdo, a instancia del cónyuge sobreviviente, o del Director General, con citación de los cónyuges, si uno o ambos se ampararán en el secreto para infringir gravemente los deberes fundamentales del matrimonio o los que tienen respecto a la prole. Tratándose de matrimonio canónico, puede solicitarla el ordinario en los casos en que cesa para él la obligación canónica del secreto.

En el matrimonio en peligro de muerte, regulado en el artículo 52 C.c., la dispensa de la forma ordinaria se refiere a la previa formación del expediente matrimonial. Igualmente, se admite su celebración sin la presencia de los dos testigos mayores de edad que habitualmente deben concurrir, en caso de imposibilidad acreditada. Sin embargo, la ausencia de expediente matrimonial en estos casos no supone liberación alguna del preceptivo cumplimiento de los requisitos legales del matrimonio. En esta línea, declara la RDGRN de 18 de febrero de 1995 que para inscribir un matrimonio en forma civil celebrado en peligro de muerte es necesario, puesto que no ha podido tramitarse el expediente previo, que se compruebe, antes de la inscripción, que concurren los requisitos legales para la celebración (cfr. art. 65 C.c.), lo cual ha de hacerse mediante la calificación del acta levantada y de las declaraciones complementarias oportunas, que lleve al convencimiento de que no hay dudas de la realidad del hecho y de su legalidad (cfr. art. 256 RRC), o mediante expediente, cuando no se haya extendido la oportuna acta (cfr. art. 257 RRC).

Además, el artículo 52 C.c., establece unas reglas especiales sobre la autoridad encargada de su celebración. Puede serlo, el Juez encargado del Registro Civil, el delegado o el Alcalde, aunque los contrayentes no residan en la circunscripción respectiva. En defecto del Juez, y respecto a los militares en campaña, el Oficial o Jefe superior inmediato. Finalmente, respecto de los matrimonios que se celebren a bordo de una nave o aeronave, el Capitán o Comandante de la misma.

4.4. La celebración del matrimonio en forma religiosa

Conforme al artículo 49 del Código civil, "Cualquier español podrá contraer matrimonio dentro o fuera de España: 1° Ante el Juez, Alcalde o funcionario señalado por este Código. 2° En la forma religiosa legalmente prevista". Desarrollando este precepto, los artículos 59 y 60 C.c. establecen la normativa concreta aplicable en esta materia.

Según el artículo 59 C.c., "el consentimiento matrimonial podrá prestarse en la forma prevista por una confesión religiosa inscrita, en los términos acordados con el Estado o, en su defecto, autorizados por la legislación de éste". A estos efectos, cabe recordar el Acuerdo entre el Estado Español y la Santa Sede de 1979, del que nos ocupamos en el tema anterior. Del mismo modo, se refieren a la posibilidad de prestar el consentimiento matrimonial de acuerdo a la forma prevista en cada caso, los Acuerdos de Cooperación del Estado con la Federación de Entidades Religiosas Evangélicas de España, con la Federación de Comunidades Israelitas de España y con la Comisión Islámica de España, aprobados por las Leyes 24/92, 25/92 y 26/ 92, de 10 de noviembre, respectivamente.

No obstante, a diferencia de lo que sucede en el matrimonio celebrado según las normas de Derecho canónico, los demás matrimonios celebrados en forma religiosa requieren, como regla general, la previa instrucción del oportuno expediente matrimonial. Únicamente puede prescindirse de este requisito previo a la celebración, dados los términos de su Acuerdo, en el caso de los matrimonios contraídos en la forma religiosa islámica. Sin embargo, si los interesados prescinden bajo su responsabilidad del trámite previo de expedición del certificado de capacidad matrimonial, la calificación, con vistas a su inscripción, de la certificación del matrimonio celebrado habrá de abarcar no sólo los requisitos formales de esta certificación sino también la concurrencia de todos los requisitos de fondo exigidos para la validez civil del matrimonio. Así se indica, en la Instrucción de la Dirección General de los Registros y del Notariado de 10 de febrero de 1993.

Por su parte, dispone el artículo 60 que "el matrimonio celebrado según las normas del Derecho canónico o en cualquiera de las formas previstas en el artículo anterior produce efectos civiles. Para el pleno reconocimiento de los mismos se estará a lo dispuesto por el capítulo siguiente". El capítulo al que se refiere el precepto es el relativo a la inscripción del matrimonio en el Registro civil, lo que conduce a la conclusión de que la situación que se plantea en cuanto a los efectos de estos matrimonios es la misma descrita respecto al matrimonio civil.

Únicamente cabe añadir que su inscripción, conforme al artículo 63, se practicará con la simple presentación de la certificación de la Iglesia o confesión respectiva, que habrá de expresar las circunstancias exigidas por la legislación del Registro civil. La práctica del asiento se denegará, concluye el precepto, "cuando de los documentos presentados o de los asientos del Registro correspondiente conste que el matrimonio no reúne los requisitos que para su validez se exigen en este título". Por lo tanto, la certificación correspondiente no es suficiente en todo caso para que el matrimonio acceda al Registro civil, sino que la eficacia del matrimonio queda condicionada al cumplimiento de los requisitos de validez establecidos por el Código civil, pudiendo apreciar su falta el Juez encargado del Registro.

CAPÍTULO 4
EFECTOS PERSONALES DEL MATRIMONIO

1. LOS DEBERES DE LOS CÓNYUGES EN LA ESFERA PERSONAL

1.1. Consideraciones generales

El matrimonio, además de suponer el establecimiento en el ámbito patrimonial de importantes vinculaciones entre los cónyuges, es fuente en el ámbito personal de una serie de obligaciones. Estos deberes de los cónyuges en la esfera personal se encuentran recogidos en los artículos 67 y 68 C.c., esto es, aquellos preceptos a los que se da lectura junto al artículo 66 C.c. en la ceremonia matrimonial.

Todos los deberes establecidos están presididos por el principio de igualdad jurídica de los cónyuges. Los cónyuges, proclama el artículo 66 C.c., "son iguales en derechos y deberes". Posteriormente nos ocuparemos de este principio, destacando cual ha sido su evolución en el ordenamiento civil español. Por ahora, únicamente interesa destacar que este principio, reforzado por la utilización del término "mutuamente" en los citados artículos 67 y 68 C.c., otorga a estos deberes un indiscutible carácter recíproco. Por otro lado, debe recordarse que son indisponibles, y por lo tanto, como apunta LÓPEZ LÓPEZ, no puede existir un pacto sobre ellos que, o bien suprimiera alguno de los deberes enumerados, o los desequilibrara, de modo que uno de los cónyuges no asumiera ninguna obligación por el hecho de contraer matrimonio.

1.2. El deber de ayuda y socorro mutuo

El artículo 67 C.c. establece que los cónyuges deben (...) ayudarse mutuamente, y el artículo 68 C.c. que los cónyuges están obligados (...) a socorrerse mutuamente. Dado que los términos ayuda y socorro son sinónimos, su inclusión en ambos preceptos no puede ser calificada de otro modo que como una reiteración innecesaria.

La obligación que se establece despliega su eficacia tanto en el aspecto material o económico como en el personal o espiritual, teniendo como manifestación concreta más evidente la obligación de alimentos entre cónyuges (art. 143 C.c.). El incumplimiento de este deber, al igual que en el resto de las obligaciones personales, siempre que sea grave o reiterado, es causa de desheredación (art. 855.1 y 3 C.c.).

1.3. El deber de respeto

Según el artículo 67, los cónyuges deben respetarse. El respeto al que se refiere el precepto debe ser tanto físico como moral. Junto al supuesto de incumplimiento más evidente, en el que uno de los cónyuges maltrata de palabra o de obra al otro, igualmente viola este deber quien interfiere en las ideas religiosas o políticas, o en la actividad profesional de su cónyuge.

Además de las consecuencias que se establecen con carácter general para todos los casos de incumplimiento grave o reiterado de los deberes conyugales, y de las eventuales responsabilidades penales que pudieran existir, el artículo 81 del Código civil señala que no será precisa la interposición de demanda de separación en el plazo de tres meses desde la celebración del matrimonio, cuando se acredite existencia de un riesgo para la vida, la integridad física, la libertad, la integridad moral o libertad e indemnidad sexual del cónyuge demandante o de los hijos de ambos o de cualquiera de los miembros del matrimonio.

1.4. El deber de actuar en interés de la familia

Los cónyuges, según el artículo 67 C.c., deben actuar en interés de la familia. Lógicamente, no se trata de que toda actuación deba estar guiada por este interés, sino que los cónyuges no deben realizar aquellos actos que lo perjudiquen o menoscaben. En cuanto a la interpretación del término familia, cabe entender que se refiere exclusivamente al cónyuge y a los hijos.

En realidad, como afirman DÍEZ PICAZO y GULLÓN, la familia como tal no es un ente portador de ningún interés. Por tanto, explica LASARTE ÁLVAREZ, en la generalidad de los casos se acabará por identificar el interés de la familia con las expectativas o exigencias de los miembros de ella que se encuentren más desamparados o más necesitados de protección.

1.5. La obligación de convivencia

Conforme al artículo 68 C.c., los cónyuges están obligados a vivir juntos, y según el artículo 69, se presume, salvo prueba en contrario, que los cónyuges viven juntos.

En relación con este deber consideramos especialmente importante destacar que el legislador no pretende imponer la vida en común en todo caso. Así, el artículo 105 C.c. establece que no incumple el deber de convivencia el cónyuge que sale del domicilio conyugal *por una causa razonable* y en el plazo de treinta días presenta la demanda de separación o la solicitud a que se refieren los artículos 103 y 104 C.c.

1.6. La obligación de guardarse fidelidad

Está recogida en el artículo 68 C.c., y excluye las relaciones sexuales, permanentes o esporádicas, de cualquiera de los cónyuges con un tercero.

Actualmente, del incumplimiento de esta obligación únicamente se derivan consecuencias civiles, ya que el adulterio dejó de constituir un delito tras la reforma del Código Penal de 28 de mayo de 1978.

1.7. La obligación de compartir las responsabilidades

Establece el artículo 68 del Código civil, tras la reforma operada mediante la Ley 15/2005, de 8 de julio, que los cónyuges deberán compartir las responsabilidades domésticas y el cuidado y atención de ascendientes y descendientes y otras personas dependientes de su cargo.

2. EL PRINCIPIO DE IGUALDAD JURÍDICA DE LOS CÓNYUGES

En la primitiva redacción del Código civil, la sumisión de la mujer al marido era uno de los principios rectores de las relaciones matrimoniales tanto en el campo personal como en el patrimonial. Por un lado, se establecía la jefatura del marido, quedando la mujer sometida a su potestad. Por otro, la capacidad patrimonial de la mujer casada se encontraba sujeta a graves e importantes limitaciones. La Ley de 24 de abril de 1958 que reformó el Código Civil, y la Ley de 22 de julio de 1961 sobre la condición jurídica de la mujer, sólo supusieron tenues intentos reformistas manteniendo sustancialmente el mismo desequilibrio.

Esta situación permaneció inalterada hasta la reforma del Código civil introducida por la Ley 14/1975, de 2 de mayo, sobre la situación jurídica de la mujer casada y los derechos y deberes de los cónyuges. El matrimonio, según anunciaba la Exposición de motivos de esta ley, "no tiene un sentido restrictivo respecto a la capacidad de obrar de los cónyuges". Las consecuencias más importantes de la organización estatuida en 1975 fueron, según explican los profesores DÍEZ PICAZO y GULLÓN, la desaparición de las referencias expresas al deber de obediencia de la mujer al marido y a la idea de autoridad marital; el establecimiento de las reglas de que el matrimonio no restringe la capacidad de obrar de ninguno de los cónyuges, ni modifica la nacionalidad de los mismos ni condiciona su pérdida o recuperación por cualquiera de ellos con independencia del otro; la supresión de las licencias maritales para la actuación jurídica de la mujer casada, y la desaparición de la referencia a la representación legal de la mujer por el marido.

Sin embargo, esta reforma, aunque importante, inmediatamente mostró su insuficiencia y falta de adaptación a los nuevos principios de la Constitución de 1978, e incluso, a los reiterados pronunciamientos internacionales en la materia. La Resolución del Consejo de Ministros del Consejo de Europa de 27 de julio de 1978 recomendaba a los Estados miembros que aseguraran la igualdad de los esposos en el ámbito del Derecho civil. La Convención de las Naciones Unidas de 1 de marzo de 1980 tiende, en el mismo sentido, a eliminar toda discriminación de la mujer. Por lo que se refiere a la Constitución de 1978, el principio de igualdad se encuentra recogido en los artículos 14 y 32. La Constitución reconoce en el artículo 14 la igualdad ante la ley de todos los españoles sin discriminaciones por razón de nacimiento, de raza, de sexo, de religión, de opinión o por cualesquiera otras circunstancias personales o sociales. Por su parte, el artículo 32 proclama la igualdad de los dos cónyuges en el matrimonio.

La igualdad absoluta entre el marido y la mujer tuvo que esperar a las reformas del Código civil de 1981. La propia Exposición de Motivos del Proyecto de Ley de 1979 de modificación del Código Civil en materia de filiación, patria potestad y régimen económico del matrimonio[2] señalaba que "la presente reforma ha llevado el principio de igualdad entre los cónyuges a sus últimas y justas consecuencias, ya borrando ciertas distinciones que persistían en las relaciones personales, ya, sobre todo confiriendo a cada uno, en el aspecto patrimonial, iguales facultades, derechos y obligaciones. De ahora en adelante cada cónyuge gobernará y regirá sus bienes y actividades económicas sin más trabas que la respectiva contribución a las cargas familiares o las derivadas del hecho de no ser suyos, sino comunes, ciertos bienes obtenidos por él, o de la eventual obligación de dar cuenta de sus actividades lucrativas al otro cónyuge. De otra parte, en la economía conyugal, y singularmente en la sociedad de gananciales, ninguno de los dos será superior al otro, ni tendrá atribuidas por la ley concretas facultades o privilegios en cuanto varón y mujer (...) cabe, además, señalar como aspectos sociales y económicos de relieve en la regulación que se adopta, la nueva libertad de los cónyuges para celebrar entre sí, cualesquiera contratos, incluidas las donaciones, que autorizadas antes por diversos Derechos Forales, nunca habían presentado inconvenientes de alguna entidad".

---

(2) Cfr. Proyecto de Ley de 14 de septiembre de 1979, *BOCG*, núm.71, 1/1979.

La igualdad jurídica queda proclamada de forma general, después de la reforma del Código civil de 7 de Julio de 1981, por el artículo 66 del Código civil. Desarrollando el mandato constitucional recogido en el artículo 32.2 de la Constitución, establece este precepto que "los cónyuges son iguales en derechos y deberes". Ninguno de los cónyuges, señala el artículo 71 C.c., "puede atribuirse la representación del otro sin que le hubiere sido conferida".

En la misma línea, la reforma de 13 de mayo de 1981, de acuerdo con el reconocimiento de la capacidad civil de la mujer casada, y a fin de lograr la equiparación de la misma en el matrimonio, abandona definitivamente el antiguo sistema de administración marital vigente hasta ese momento, en virtud del cual el marido era el único titular de la gestión de los bienes, instaurando un sistema de administración conjunta en el que ambos cónyuges necesitan del consentimiento del otro para administrar o disponer de los bienes comunes salvo las excepciones previstas (cfr. arts. 1375 y ss. C.c.). De acuerdo a este principio, el artículo 1.328 del Código civil dispone la nulidad de cualquier estipulación capitular depresiva de la igualdad de derechos que corresponden a cada uno de los cónyuges.

3. EL DOMICILIO CONYUGAL

Antes de la reforma del Código civil de 2 de mayo de 1975 la determinación del domicilio familiar correspondía al marido, estando obligada la mujer a seguir a aquél, salvo que el marido cambiare su residencia a ultramar o país extranjero, en cuyo caso los Tribunales podían eximirle de dicho deber, con justa causa (cfr. arts. 58 C.c. en su redacción originaria, y art. 64.1° L.E.C. de 1881). La reforma de 1975 modificó este sistema estableciendo que la fijación del domicilio conyugal se haría por los esposos de común acuerdo, salvo que hubiere hijos menores comunes, en cuyo caso, decidía el titular de la patria potestad, estando legitimado el otro para interponer recurso ante la autoridad judicial competente (cfr. art. 58 C.c. en la redacción dada por dicha reforma).

En la línea instaurada por la reforma de 1975, y en atención al principio de igualdad conyugal proclamado por el artículo 32 de la

Constitución, después en la reforma de 1981 la fijación del domicilio conyugal compete a ambos cónyuges, sin perjuicio de la intervención judicial supletoria en caso de discrepancia (cfr. art. 70 C.c.). Por lo tanto, el criterio actual preferente de determinación del domicilio conyugal es el común acuerdo de los cónyuges. En el caso de que se recurra a la autoridad judicial, ésta resolverá teniendo en cuenta el interés de la familia.

CAPÍTULO 5
LA NULIDAD DEL MATRIMONIO

1. CONCEPTO

La nulidad matrimonial invalida el vínculo entre los cónyuges desde su celebración ya que es fruto de algún defecto que concurría en ese mismo momento. Ante la ausencia de alguno de los requisitos del matrimonio, el ordenamiento jurídico reacciona permitiendo, al menos como regla general, que el Ministerio Fiscal y cualquier persona con interés directo y legítimo, en cualquier tiempo, solicite la declaración judicial de nulidad del matrimonio (cfr. art. 74 C.c.).

La declaración de nulidad tiene efectos retroactivos, esto es, eficacia *ex tunc*, sin perjuicio de la excepción que a esta regla supone la admisión de la figura del matrimonio putativo. Se trata, por otro lado, de una nulidad de pleno derecho, aunque se admita en determinados supuestos la convalidación del matrimonio inicialmente nulo. Estas especialidades que presenta la nulidad matrimonial frente a la nulidad de materia de contratos, aunque ciertamente doten al concepto que nos ocupa de una amplia autonomía, no creemos que permitan aplicar al matrimonio la categoría de la anulabilidad.

2. CAUSAS DE NULIDAD

2.1. Planteamiento

El Código civil se ocupa de las causas de nulidad en el artículo 73, donde establece que será nulo, cualquiera que sea la forma de su celebración:

1º El matrimonio celebrado sin consentimiento matrimonial.

2º El matrimonio celebrado entre las personas a las que se refieren los artículos 46 y 47, salvo los casos de dispensa conforme al artículo 48.

3º El que se contraiga sin la intervención del Juez, alcalde o funcionario ante quien deba celebrarse o sin la de los testigos.

4º El celebrado por error en la identidad de la persona del otro contrayente o en aquéllas cualidades personales que por su entidad hubieran sido determinantes para la prestación del consentimiento.

5º El contraído por coacción o miedo grave.

La expresión "cualquiera que sea la forma de su celebración" que precede a la exposición de las causas de nulidad que recoge el artículo 73 C.c. no puede ser interpretada de otro modo que en el sentido de considerarlas aplicables tanto al matrimonio contraído en forma civil, como al matrimonio en forma religiosa, independientemente de la confesión de la que se trate. No obstante, en su momento destacaremos las especialidades que sin romper esta regla básica presenta el matrimonio celebrado según las normas de Derecho canónico.

Cabe plantearse, por otro lado, si la enumeración que ofrece el artículo 73 C.c. es exhaustiva. No creemos que pueda afirmarse que existen otras causas de nulidad al margen de las enunciadas por el precepto. Sin embargo, resulta igualmente cierto que en él no se agotan todos los posibles supuestos concretos de nulidad matrimonial. Así, el matrimonio será nulo, como afirmamos en el capítulo relativo a los requisitos del matrimonio, en los casos de simulación o reserva mental, o si las deficiencias psíquicas de uno de los contrayentes, no detectadas por el instructor del expediente previo, dan lugar a un matrimonio sin consentimiento matrimonial.

A los efectos de estudiar estas causas de nulidad, resulta habitual en la doctrina sistematizarlas en función de que la nulidad encuentre su fundamento en la concurrencia de un impedimento matrimonial, en inexistencia o vicios en el consentimiento matrimonial, o en un defecto de forma. Dado que al exponer los requisitos del matrimonio analizamos suficientemente, tanto los impedimentos matrimoniales que se recogen en los artículos 46 y 47 C.c., como el supuesto de nulidad por inexistencia de consentimiento, en este capítulo nos centraremos únicamente en los vicios del consentimiento matrimonial y en la nulidad por defecto de forma en la celebración.

2.2. Los vicios del consentimiento matrimonial

A) El error

En el apartado 4° del artículo 73, el Código distingue dos supuestos específicos de error, concediéndoles trascendencia anulatoria del matrimonio. El error que recae sobre la identidad de la persona del otro contrayente, y por otro lado, el error en aquellas cualidades personales del otro contrayente que por su entidad hubieran sido determinantes para la prestación del consentimiento.

En cuanto al primer supuesto sólo podemos compartir la opinión, generalizada en la doctrina, en el sentido de que se trata de un caso meramente académico. Mayor importancia y virtualidad práctica presenta el error en las cualidades del otro contrayente. El Código exige que se trate de cualidades personales, lo que excluye, como explica ROCA I TRIAS, todo lo que hace referencia a la esfera patrimonial. Serán, por tanto, cualidades físicas o psíquicas, como la toxicomanía, las enfermedades físicas o psíquicas, desviaciones sexuales que impidan un normal desarrollo de la vida conyugal, graves antecedentes penales, la impotencia, etc. Además, estas cualidades, por su entidad, deben haber sido determinantes para la prestación del consentimiento. Frente a la opinión de DÍEZ PICAZO y GULLÓN, que entienden que hay que buscar una vía objetiva, considera ALBALADEJO que el error debe tomarse en sentido subjetivo, de tal modo que lo que importa es que las cualidades hayan sido decisivas para el contrayente que erró sobre ellas, aunque en sí no sea de los errores que en el común sentir son decisivos.

B) La coacción o el miedo grave

El artículo 73.5 C.c. se limita a considerar nulo el matrimonio contraído por coacción o miedo grave, sin señalar las condiciones concretas que deben concurrir para el consentimiento quede viciado.

Ante esta ausencia de una regulación específica no cabe otra posibilidad que aplicar por analogía los artículos 1267 y 1268 C.c., esto es, los requisitos exigibles para que determinen la nulidad en materia de contratos.

2.3. La nulidad por defecto de forma

Conforme al apartado 3° del artículo 73, es nulo el matrimonio que se contraiga sin la intervención del Juez, Alcalde o funcionario ante quien deba celebrarse o sin la de los testigos. Cabe deducir de este precepto que sólo la intervención de las personas que se citan es forma esencial para la válida celebración de un matrimonio. La omisión del resto de las formalidades legalmente exigidas (previa tramitación del expediente matrimonial, lectura de los artículos 66, 67 y 68 C.c.), no dan lugar a la nulidad del matrimonio.

Además, en esta materia de nulidad matrimonial por defecto de forma no pueden olvidarse los artículos 53 y 78 C.c. que igualmente se refieren a ella. A pesar de los problemas que plantea su interpretación conjunta, ambos preceptos se sitúan en la misma línea de limitar esta clase de nulidad.

En cuanto al artículo 53 C.c., se dispone en él que "la validez del matrimonio no quedará afectada por la incompetencia o falta de nombramiento legítimo del Juez, Alcalde o funcionario que lo autorice, siempre que al menos uno de los cónyuges hubiera procedido de buena fe, y aquéllos ejercieran sus funciones públicamente". Este artículo matiza uno de los casos de nulidad señalados por el artículo 73.3 C.c. La incompetencia o falta de nombramiento legítimo del Juez, Alcalde o funcionario autorizante, que inicialmente conducirían a la nulidad matrimonial, no darán lugar a ella si concurren los dos requisitos que el precepto exige, esto es, buena fe de al menos uno de los contrayentes, y ejercicio público de sus funciones de la autoridad ante la que se celebre el matrimonio.

Mayores problemas plantea la interpretación de artículo 78 C.c., según el cual, "el Juez no acordará la nulidad de un matrimonio por defecto de forma, si al menos uno de los cónyuges lo contrajo de buena fe, salvo lo dispuesto en el número 3 del artículo 73". De acuerdo a su tenor literal, parece se establece que la buena fe de uno de los cónyuges no impide la nulidad de un matrimonio en todos los casos a los que se refiere el artículo 73.3. Sin embargo, entender de este modo el precepto resultaría contradictorio con lo dispuesto por el artículo 53 C.c. Precisamente, a los efectos de evitar esta contradicción recuerdan DÍEZPICAZO y GULLÓN que el origen del precepto fue una enmienda en la que se alegaba que sin la excepción prevista por el artículo 78 C.c., se ampararía "incluso la ausencia total de forma o la utilización de formalidades contrarias al orden público". De este modo, en estos casos extremos la buena fe de uno de los cónyuges será insuficiente para salvar la validez del matrimonio, prevaleciendo como criterio general el que proporciona el artículo 53 C.c.

3. LA CONVALIDACIÓN DEL MATRIMONIO NULO

A pesar de que como regla general la nulidad matrimonial sea radical, excepcionalmente, el Código civil permite la convalidación de determinados matrimonios inicialmente nulos. Así sucede, como expusimos en su momento, una vez obtenida la dispensa, en los matrimonios celebrados con impedimentos dispensables. En este sentido, señala el artículo 48.3 C.c. que "la dispensa ulterior convalida, desde su celebración, el matrimonio cuya nulidad no haya sido instada judicialmente por alguna de las partes".

Por otro lado, refiriéndose al matrimonio cuya causa de nulidad fuese la falta de edad, establece el artículo 75.2 C.c. que "al llegar a la mayoría de edad sólo podrá ejercitar la acción el contrayente menor, salvo que los cónyuges hubieren vivido juntos durante un año después de alcanzada aquélla". Debe entenderse, por tanto, que la convivencia durante más de un año, después de alcanzada la mayoría de edad por el cónyuge que contrajo matrimonio siendo menor, supone la caducidad de la acción de nulidad y la convalidación del matrimonio.

Finalmente, algo similar ocurre en los matrimonios contraídos por error, coacción o miedo grave. En estos casos, conforme al artículo 76.2 C.c., "caduca la acción y se convalida el matrimonio si los cónyuges hubieran vivido juntos durante un año después de desvanecido el error o de haber cesado la fuerza o la causa del miedo".

4. LA ACCIÓN DE NULIDAD

En principio, la acción para pedir la nulidad del matrimonio corresponde, según el artículo 74 C.c., "a los cónyuges, al Ministerio Fiscal y a cualquier persona que tenga interés directo y legítimo en ella, salvo lo dispuesto en los artículos siguientes". Se exige que el interés sea "directo y legítimo", lo cual debe ser interpretado en el sentido de reconocer legitimación activa independientemente de que se trate de un interés personal o económico. Por otro lado, al tratarse de una acción de nulidad, a pesar de que el precepto no lo indique, cabe afirmar, también como regla general, que no está sometida a plazo de ejercicio. Incluso, como señala la doctrina dominante, puede ser ejercitada aún después de la disolución del matrimonio por el fallecimiento de uno o ambos cónyuges.

Los preceptos a los que se refiere el inciso final del artículo 74 C.c. son los artículos 75 y 76 C.c., en los que se establecen ciertas reglas especiales de legitimación activa y plazo de ejercicio de la acción en atención del particular supuesto que resuelven. Si la causa de nulidad fuere la falta de edad, establece el artículo 75 C.c., que mientras el contrayente sea menor sólo podrá ejercitar la acción cualquiera de sus padres, tutores o guardadores y, en todo caso, el Ministerio Fiscal. Al llegar a la mayoría de edad, sólo podrá ejercitar la acción el "contrayente menor". En realidad, el precepto se refiere al contrayente, ya mayor de edad, en quien concurría el impedimento de edad. Por su parte, según el artículo 76 C.c., en los casos de error, coacción, o miedo grave solamente podrá ejercitar la acción de nulidad el cónyuge que hubiera sufrido el vicio. En cuanto al plazo de ejercicio de la acción en estos supuestos nos remitimos a lo expuesto en el epígrafe anterior.

5. LA DECLARACIÓN DE NULIDAD DEL MATRIMONIO

5.1. Presupuestos

Al estudiar el sistema matrimonial español afirmamos que en el ordenamiento vigente no existen dos clases de matrimonio, el civil y el canónico, como proclamaba el antiguo artículo 42 C.c., sino un único matrimonio que encuentra su regulación en el Código civil. Simplemente, se permite a los contrayentes exteriorizar su voluntad de contraer este matrimonio tanto en forma civil como en forma religiosa, siendo una de las posibilidades que el matrimonio se celebre de acuerdo a las normas de Derecho canónico.

En coherencia con este planteamiento, el régimen jurídico aplicable a la declaración de nulidad de todo matrimonio es, al menos en principio, unitario. Por una parte, el matrimonio es nulo "cualquiera que sea la forma de su celebración", si concurre alguna de las causas de nulidad previstas en el artículo 73 C.c. Por otra, los Tribunales del Estado son competentes para declarar la nulidad de cualquier matrimonio. Desde esta perspectiva, la única especialidad que presenta la declaración de nulidad de un matrimonio contraído en forma religiosa, independientemente de la confesión de la que se trate, aparece si esta nulidad encuentra su fundamento en un defecto de forma. Como explica ALBALADEJO, permitiendo el artículo 59 C.c. que los cónyuges presten el consentimiento matrimonial en la forma prevista por una confesión religiosa, la posible nulidad por no haber guardado la forma debida, debe juzgarse habida cuenta de si se observó o no lo que como forma de celebración exijan las normas de la confesión que sea.

5.2. Eficacia civil de las resoluciones eclesiásticas sobre nulidad matrimonial

En el caso específico del matrimonio celebrado de acuerdo a las normas de Derecho canónico, no podemos olvidar lo establecido por el apartado segundo del artículo VI del Acuerdo con la Santa Sede de 3 de enero de 1979. Según este artículo, "los contrayentes, a tenor de las disposiciones de Derecho canónico, podrán acudir a los Tribunales eclesiásticos solicitando la declaración de nulidad o pedir la decisión pontificia sobre matrimonio rato y no consumado. A solicitud de cualquiera de las partes, dichas resoluciones eclesiásticas tendrán eficacia en el orden civil si se declaran ajustadas al Derecho del Estado en resolución dictada por el Tribunal civil competente". El contenido de este precepto es recogido por el Código civil en el artículo 80. Conforme a este artículo, "las resoluciones dictadas por los Tribunales eclesiásticos sobre nulidad de matrimonio canónico o las decisiones pontificias sobre matrimonio rato y no consumado tendrán eficacia en el orden civil, a solicitud de cualquiera de las partes, si se declaran ajustadas al Derecho del Estado en resolución dictada por el Juez civil competente conforme a las condiciones a las que se refiere el artículo 954 de la Ley de Enjuiciamiento Civil".

De este modo, además de poder solicitar la declaración de nulidad ante los Tribunales civiles, los contrayentes de un matrimonio canónico tienen la posibilidad de acudir a los Tribunales eclesiásticos, que juzgaran la nulidad de acuerdo a su propio Derecho, y solicitar la eficacia civil de la resolución eclesiástica ante el Juez civil competente. En definitiva, a diferencia de lo que sucede en los matrimonios de confesión distinta a de la Iglesia católica, se establece un sistema electivo entre la jurisdicción civil y la jurisdicción eclesiástica.

Admitidas estas ideas el único problema es determinar en que consiste exactamente la declaración de ajuste al Derecho del Estado a la que se refiere el artículo 80 C.c. En este punto, la doctrina coincide en que no se trata de realizar una revisión de fondo de la resolución eclesiástica, buscando una coincidencia entre la causa por la que el Tribunal eclesiástico declaró la nulidad y alguna de la establecidas por el Código civil. Una interpretación de este tipo resultaría incoherente con el hecho de que el artículo 80 se refiera también a la posible eficacia civil de las decisiones sobre matrimonio rato y no consumado, ya que, como conocía el legislador, esta circunstancia no es causa de disolución de acuerdo al ordenamiento civil.

Es suficiente, a los efectos de declarar la resolución eclesiástica ajustada al Derecho del Estado, que ésta no sea contraria a alguna norma del ordenamiento español que se estime de orden público. Además, conforme al artículo 954 LEC de 1881, el cual se mantiene vigente tras la LEC de 2000 hasta que entre en vigor la Ley de cooperación jurídica internacional en materia civil (Disposición Derogatoria Única LEC de 2000), es necesario que se haya dictado como consecuencia del ejercicio de una acción personal; que no haya sido dictada en rebeldía; y que reúna los requisitos necesarios, de acuerdo al Derecho canónico, para ser considerada como auténtica, y los que las leyes españolas requieren para que haga fe en España.

6. EL MATRIMONIO PUTATIVO

La declaración de nulidad supone que no ha existido matrimonio y que, en consecuencia, los efectos que la apariencia de matrimonio hubiera producido quedan desvirtuados. Sin embargo, como excepción al principio de retroactividad de la nulidad matrimonial, establece el artículo 79.1 C.c. que "la declaración de nulidad del matrimonio no invalidará los efectos ya producidos respecto de los hijos y del contrayente o contrayentes de buena fe". En cuanto a la buena fe, añade el párrafo segundo que se presume.

En el caso de los contrayentes, exige el precepto la buena fe del contrayente que pretenda quedar amparado por la regla, es decir, su falta de voluntad de contraer un matrimonio nulo. Aunque la buena fe se presuma, se trata de una presunción *iuris tantum*, que admite prueba en contrario. Además, debe haber existido una apariencia de matrimonio, de tal manera que quedan excluidos de la aplicación de la regla del matrimonio putativo los casos de falta absoluta de forma o de ausencia total de consentimiento matrimonial. Finalmente, el precepto se refiere a los efectos *ya producidos*, y por tanto, a partir de la declaración de nulidad quedará privado de los derechos sucesorios, derecho de alimentos, etc., que pudieran derivarse de la relación matrimonial.

Ante la igualdad de la filiación matrimonial y la no matrimonial, que según el artículo 108.2 C.c. surten los mismos efectos, en relación con los hijos del matrimonio declarado nulo el artículo 79 no consolida situación alguna, salvo la condición formal de hijos matrimoniales. De hecho, aun después de la declaración de nulidad seguirán ostentando los mismos derechos y obligaciones respecto a sus padres.

CAPÍTULO 6
LA SEPARACIÓN CONYUGAL
Y LA DISOLUCIÓN DEL MATRIMONIO

1. LA SEPARACIÓN CONYUGAL: CONCEPTO Y CLASES

Podemos definir la separación conyugal, siguiendo a DÍEZ PICAZO y GULLÓN, como una situación del matrimonio, en la que, subsistiendo el vínculo conyugal, se produce una cesación de la vida en común de los casados y se transforma el régimen jurídico de sus respectivos derechos y obligaciones. Por tanto, el concepto aparece vinculado únicamente a la suspensión de la convivencia entre los cónyuges.

La situación que se origina por la separación es, en todo caso, sustancialmente distinta a la que se plantea como consecuencia del divorcio, ya que, aún separados los cónyuges judicialmente, el vínculo matrimonial subsiste haciendo imposible que las personas unidas por él contraigan nuevas nupcias. La separación no supone, como la disolución, la extinción del matrimonio, sino, como afirma CASTÁN TOBEÑAS, la *suspensión* de alguno de sus efectos, principalmente el de la vida en común. No obstante, disolución y separación tienen de común, explica este autor, que se producen en virtud de causas sobrevenidas a la celebración y que actúan *ex nunc.*

La separación conyugal puede ser una situación puramente fáctica de ruptura de la convivencia matrimonial, acordada por ambos cónyuges o impuesta por uno de ellos, a la que el ordenamiento vincula determinados efectos. En este caso, nos encontramos ante una *separación de hecho.* Sus consecuencias serán las establecidas legalmente, salvo que los cónyuges hayan suscrito un pacto que respetando las limitaciones legales se ocupe de determinarlas. Por otro lado, cabe que concurriendo los presupuestos legales, a petición de uno o ambos cónyuges, la separación sea decretada por la autoridad judicial, en cuyo caso, estaremos ante lo que denomina *separación legal o judicial*. La sentencia de separación, de acuerdo al artículo 83 C.c., "produce la suspensión de la vida en común de los casados, y cesa la posibilidad de vincular bienes del otro cónyuge en el ejercicio de la potestad doméstica". Además, en defecto de acuerdo entre los cónyuges, en la resolución judicial se adoptarán las medidas necesarias para resolver la problemática que plantean en la nueva situación las relaciones económicas de los cónyuges y sus relaciones personales con los hijos. Estas medidas serán estudiadas, en el capítulo siguiente, conjuntamente con las que proceden en los casos de nulidad y divorcio. Este segundo tipo de separación, tras la reforma de 7 de julio de 1981, admite dos modalidades, a las que podemos denominar, siguiendo la terminología habitualmente empleada por la doctrina, separación consensual y separación por causa legal.

Finalmente, debemos señalar que, al igual que sucedía en materia de nulidad matrimonial, la normativa prevista en el Código civil respecto a la separación es aplicable, como anuncia el artículo 81, cualquiera que sea la forma de celebración del matrimonio. Pero además, en este caso, no es posible obtener la eficacia civil de las sentencias eclesiásticas de separación. Como vimos, el Acuerdo con la Santa Sede de 1979 y el artículo 80 del Código civil sólo se refieren a la posible eficacia civil de las resoluciones dictadas por los Tribunales eclesiásticos sobre nulidad de matrimonio canónico o de las decisiones pontificias sobre matrimonio rato y no consumado.

2. LA SEPARACIÓN JUDICIAL

2.1. Planteamiento

La Ley 15/2005, de 8 de julio, permite a los cónyuges obtener la separación judicial sin necesidad de invocar causa alguna, aunque limite esta posibilidad exigiendo el cumplimiento de determinados requisitos. La función del Juez queda circunscrita a comprobar la concurrencia de los presupuestos legales, careciendo de facultades para valorar la oportunidad o inoportunidad de la separación, o los motivos en que se funda.

2.2. Separación consensual

Determina el artículo 81.1 C.c. que se decretará judicialmente la separación, "a petición de ambos cónyuges o de uno con el consentimiento del otro, una vez transcurridos tres meses desde la celebración del matrimonio". El referido plazo, pretende evitar separaciones precipitadas y dotar a la decisión de los cónyuges de la garantía que proporciona a toda decisión un tiempo de reflexión. Sin embargo, cabe dudar de las ventajas que en la práctica proporciona este requisito como medio de evitar o superar crisis matrimoniales. Dado que los cónyuges pueden pactar libremente el cese de la convivencia e incluso sus efectos, puede presumirse que, en la mayoría de los casos, si desean separarse lo harán.

Por otro lado, exige el citado precepto que "a la demanda se acompañará una propuesta de convenio regulador redactado conforme al artículo 90 de este Código". Desde nuestra perspectiva, tampoco parece lógico que faltando el acuerdo en un punto concreto los cónyuges no puedan dejar en manos de la autoridad judicial su resolución.

2.3. Separación a petición de uno sólo de los cónyuges

Según el antiguo artículo 81.2 C.c., también procedía la separación, "a petición de uno de los cónyuges cuando el otro esté incurso en causa legal de separación". Las causas legales de separación se encontraban determinadas en el también derogado artículo 82 C.c.

Frente a este planteamiento, el actual artículo 81.2 C.c. señala que se decretará judicialmente la separación, "a petición de uno sólo de los cónyuges, una vez transcurridos tres meses desde la celebración del matrimonio".

No obstante, matiza el párrafo segundo del mencionado precepto que no será preciso el transcurso de este plazo para la interposición de la demanda cuando se acredite la existencia de un riesgo para la vida, la integridad física o moral , la libertad e indemnidad sexual del cónyuge demandante o de los hijos de ambos o de cualquiera de los miembros del matrimonio.

En todo caso, a la demanda se acompañará propuesta fundada de las medidas que hayan de regular los efectos derivados de la separación.

2.4. La acción de separación

El proceso de separación responde al ejercicio de una acción que ha de ser interpuesta por uno o ambos cónyuges. .

La acción de separación, al igual que la acción de divorcio, tiene carácter personalísimo y se extingue por la muerte de cualquiera de los cónyuges, de manera que no puede ser interpuesta por persona distinta de ellos, ni continuada por sus herederos después de su fallecimiento.

2.5. La reconciliación de los cónyuges

La reconciliación, según el artículo 84 C.c., "pone término al procedimiento de separación y deja sin efecto lo en él resuelto, pero ambos cónyuges separadamente deberán poner aquélla en conocimiento del Juez que entienda o haya entendido en el litigio". La doctrina mayoritaria coincide en definir la reconciliación como el negocio jurídico no formal por el cual los cónyuges reanudan la vida en común con la intención de que despliegue de nuevo toda su eficacia el vínculo matrimonial, entendiendo, que la notificación al Juez a la que se refiere el precepto carece de carácter constitutivo. Esta reconciliación puede producirse tanto antes de la sentencia de separación, en cuyo caso supondría el fin de las medidas que provisionalmente se hayan adoptado, como una vez dictada la resolución judicial, dejando sin efecto lo establecido por ella.

No obstante, matiza el párrafo segundo del artículo 84 C.c. que "mediante resolución judicial, serán mantenidas o modificadas las medidas adoptadas en relación a los hijos cuando exista causa justa que lo justifique". Igualmente, la separación de bienes a la que conduce la sentencia de separación judicial por aplicación de los artículos 1392.3 y 1435.3 C.c., no se alterará por la reconciliación (art. 1443 C.c.). Únicamente cabe que los cónyuges pacten en capitulaciones matrimoniales, por ejemplo, el inicio de una nueva sociedad de gananciales. En ese caso, conforme al artículo 1444.2 C.c., harán constar en las capitulaciones los bienes que cada uno aporte de nuevo y se considerarán estos privativos, aunque, en todo o en parte, hubieran tenido carácter ganancial antes de la liquidación practicada por causa de separación. Por otro lado, de acuerdo al artículo 106.2 C.c., con la reconciliación tampoco se restablecen los consentimientos o poderes que los cónyuges se hubieran otorgado, siendo definitiva la revocación que el artículo 102 C.c. vincula a la admisión de la demanda de separación.

3. LA SEPARACIÓN DE HECHO

3.1. Efectos

Después de la reforma de 1981 no cabe duda que la separación de hecho no es en todo caso una situación ilícita sino, al contrario, una realidad social prevista legislativamente y a la que el ordenamiento vincula determinados efectos. No obstante, si se trata de una separación de hecho impuesta por uno sólo de los cónyuges, alguno de estos efectos se dirigirán a sancionar al cónyuge que incumple la obligación de convivencia. Al margen de las eventuales responsabilidades penales de esta conducta, el otro cónyuge queda legitimado para instar la disolución de la sociedad de gananciales (art. 1393. 3 C.c.), para solicitar la transferencia a su favor de la administración de los bienes de la sociedad de gananciales (art. 1388 C.c.), o para privar al cónyuge que viola el deber de convivencia de los derechos que por legítima le corresponderían en la herencia del cónyuge abandonado (arts. 834 y 855.1 C.c.).

El Código civil, no ofrece un planteamiento sistemático de la separación de hecho, limitándose a vincular a ella determinadas consecuencias. Por una parte, cabe situar los preceptos que se refieren a la separación de hecho sin condicionarla al requisito del mutuo acuerdo, y que por lo tanto rigen en todo caso. Así, cabe citar el artículo 116 C.c. que interrumpe la presunción de paternidad del marido respecto de los hijos nacidos después de los trescientos días siguientes a la separación de hecho de los cónyuges. Los artículos 234.1 y 291 C.c. que excluyen del cargo de tutor o curador al cónyuge que no conviva con el sometido a tutela o curatela. Y, finalmente, el artículo 156.5 C.c. que atribuye el ejercicio de la patria potestad de los hijos comunes en caso de separación al cónyuge con quien convivan.

Junto a ellos, otros preceptos atienden específicamente a la situación de separación de hecho convencional. Cualquiera de los cónyuges separados de hecho por mutuo acuerdo podrá instar, transcurrido un año, la disolución de la sociedad de gananciales (art. 1393.3. C.c.). Por último, según el artículo 945 C.c., carece de derechos en la sucesión intestada de su consorte el cónyuge separado de hecho por mutuo acuerdo que conste fehacientemente.

3.2. Los pactos de separación matrimonial

Las consecuencias jurídicas de la ruptura de la convivencia pueden ser determinadas por los propios cónyuges mediante la celebración de un convenio entre ellos. Antes de la reforma de 1981 se sostuvo la invalidez de estos pactos al considerar que su causa era ilícita. Igualmente, se entendía que eran contrarios a la moral o buenas costumbres, y que contravenían la prohibición de transigir sobre cuestiones matrimoniales impuesta por el artículo 1814 C.c. Frente a esta concepción, en la actualidad se defiende que los únicos límites que tienen los cónyuges son los que se derivan del régimen jurídico de cada una de las materias sobre las que pueden recaer los pactos (VALPUESTA FERNÁNDEZ).

En cuanto a su posible contenido, coincidirá con las cuestiones que planteada la demanda de separación correspondería decidir a la autoridad judicial, esto es, la atribución del uso de la vivienda y del ajuar familiar, la situación de los hijos menores sujetos a patria potestad, la contribución de cada cónyuge al levantamiento de las cargas del matrimonio, la disolución régimen económico del matrimonio, y la pensión que, en su caso, corresponde satisfacer a uno de los cónyuges.

4. LA DISOLUCIÓN DEL MATRIMONIO: CONCEPTO Y SUPUESTOS

En palabras de CASTÁN TOBEÑAS, llamamos disolución del matrimonio a la extinción del vínculo conyugal, producida por una causa sobrevenida a su constitución, que origina la terminación *ex nunc* de los efectos del matrimonio. La situación que se plantea, como ya advertimos, es sustancialmente distinta a aquélla que origina la separación judicial, y tampoco puede asimilarse a la que conduce la declaración de nulidad matrimonial. En este caso, nos encontramos ante un matrimonio válido durante cierto tiempo que ha desplegado en ese periodo todos sus efectos. La extinción del vínculo, con la consiguiente pérdida de su eficacia, no se extiende retroactivamente al momento de la celebración del matrimonio.

Según el artículo 85 C.c. "el matrimonio se disuelve, sea cual fuera la forma y el tiempo de su celebración, por la muerte o declaración de fallecimiento de uno de los cónyuges y por el divorcio". A estas causas de disolución debemos añadir, en referencia al matrimonio celebrado de acuerdo a las normas de Derecho canónico, la que se deriva de la posible eficacia civil de las decisiones pontificias sobre matrimonio rato y no consumado. Estas decisiones, según prevé el artículo 80 C.c., tendrán eficacia en el orden civil, a solicitud de cualquiera de las partes, si se declaran ajustadas al Derecho del Estado en resolución dictada por el Juez civil competente.

La mencionada eficacia civil puede concederse, como declara la STS de 23 de noviembre de 1995, aunque la no consumación del matrimonio no resulta subsumible por el Código civil. Según esta sentencia, "los particulares que en uso de su libertad de conciencia acceden libre y conjuntamente a dicha forma de unión sacramental, lo hacen con plenitud de sus efectos y consecuencias, lo que se traduce en que la voluntad respetada de los cónyuges para optar por la forma religiosa se proyecte también al momento de extinción del matrimonio, cuando es decretado con las debidas garantías y formalidades por la autoridad competente para ello, sin que la voluntad del legislador deba ser obstativa y tenga que imponerse necesariamente para anular la de los contrayentes, cuando no resulta incidencia constatada en el orden público interno, ni choca frontalmente contra los principios generales de nuestro ordenamiento jurídico. Entenderlo de otro modo llevaría tener que remontarse a situaciones de mala fe o de fraude a cargo del Estado al hacer inoperante el acuerdo con la Santa Sede en los supuestos de matrimonio rato y no consumado".

Dejando al margen este caso concreto, la regulación de las causas de disolución del matrimonio es común cualquiera que sea la forma de celebración. A pesar de que la confesión religiosa de la que se trate no admita la disolución del vínculo por el divorcio, obtenida la correspondiente sentencia el Estado retirará los efectos civiles inicialmente concedidos al matrimonio en cuestión. Igualmente, es indiferente que el matrimonio sea anterior o posterior a la entrada en vigor de la Ley 30/ 1981, de 7 de Julio, como se deduce de la expresión "cualquiera que sea el tiempo de su celebración" recogida por el artículo 85 C.c., y que subraya la disposición transitoria segunda de la citada Ley.

5. LA DISOLUCIÓN POR MUERTE O DECLARACIÓN DE FALLECIMIENTO

Según el artículo 32 C.c., la personalidad civil se extingue por la muerte de las personas y, por tanto, ninguna explicación adicional requiere la primera causa de disolución del matrimonio prevista en el artículo 85 C.c. En cuanto a la declaración de fallecimiento, el antiguo artículo 195.3 C.c. establecía que "no bastará por sí sola para que el cónyuge presente pueda contraer ulterior matrimonio". Sin embargo, este criterio legislativo ha quedado superado tras la reforma de 1981, que ha convertido a la declaración de fallecimiento en una verdadera disolución equiparable a la muerte de uno de los cónyuges.

Por tanto, una vez declarado el fallecimiento mediante auto que haya ganado firmeza, el cónyuge presente podrá volver a contraer matrimonio. En caso de reaparición del cónyuge declarado fallecido, la doctrina mayoritaria (ALBALADEJO, LASARTE, VALPUESTA) ha defendido la validez del segundo matrimonio. Incluso, aun en el supuesto de que el cónyuge presente no hubiese contraído ulteriores nupcias, el tenor del artículo 85 C.c. haría necesaria la nueva celebración del matrimonio entre los antiguos cónyuges.

6. LA DISOLUCIÓN POR DIVORCIO

6.1. Características generales

Modificando la legislación anterior, la Ley de 7 de julio de 1981 permitió la posible extinción del matrimonio en vida de los cónyuges a través del divorcio. En este caso, es la voluntad de ambos cónyuges o de uno de ellos la que motiva la privación de efectos a un matrimonio válidamente contraído y plenamente eficaz durante su vigencia. Sin embargo, según el sistema establecido en la reforma de 1981 esta voluntad no era suficiente para producir la disolución del vínculo, siendo preciso que la petición se fundamente en alguna de las causas legalmente previstas en el antiguo artículo 86 C.c.

Por tanto, el divorcio era configurado legislativamente como un remedio para poner fin a un matrimonio que ya estaba roto aunque jurídicamente subsistiera. Así se explica que el presupuesto básico de las causas de divorcio, que enumeraba con carácter taxativo el artículo 86 C.c., fuera el cese efectivo de la convivencia conyugal durante un período de tiempo, aunque el tiempo de cese exigido fuera distinto en función de determinadas circunstancias.

En cambio, la Ley 15/2005, de 8 de julio, se desmarca de este planteamiento, al establecer el actual artículo 86 C.c. que se decretará judicialmente el divorcio, a petición de uno sólo de los cónyuges, de ambos o de uno con el consentimiento del otro, cuando concurran los requisitos y circunstancias exigidas en el artículo 81.

En consecuencia, ante una crisis matrimonial, sin más requisitos que los establecidos para entablar una acción de separación, los cónyuges o uno de ellos pueden optar por el ejercicio directo de la acción de divorcio sin plantear un previo proceso de separación judicial.

6.2. La acción y la sentencia de divorcio

La acción de divorcio es una acción personalísima que se extingue por la muerte de cualquiera de los cónyuges (art. 88.1. C.c.). No se transmite, por tanto, a los herederos del cónyuge premuerto o declarado fallecido. Es una acción imprescriptible, e irrenunciable anticipadamente y con carácter general. Igualmente, afirma el artículo 88 C.c. que la acción se extingue por la reconciliación de los cónyuges "que deberá ser expresa cuando se produzca después de interpuesta la demanda". Lógicamente, esta reconciliación debe ser comunicada a la autoridad judicial. La reconciliación posterior al divorcio, concluye el citado precepto, "no produce efectos legales, si bien los divorciados podrán contraer nuevo matrimonio".

Por otro lado, la disolución del matrimonio por divorcio, según el artículo 89 C.c., "sólo podrá tener lugar por sentencia que así lo declare y producirá efectos a partir de su firmeza". Frente al divorcio *consensual* que, como explica LASARTE ÁLVAREZ, entendería admisible la pura y concordante voluntad de los cónyuges en privar de efectos al matrimonio, sin más trámites que hacerlo constar o comunicarlo ante la autoridad pública en la forma prevenida en cada caso, el ordenamiento español apuesta por un sistema de divorcio *judicial*.

La sentencia firme de divorcio tiene naturaleza constitutiva de la nueva situación jurídica, sin embargo, "no perjudicará a terceros de buena fe sino a partir de su inscripción en el Registro civil" (art. 89 C.c.). En este sentido, ordena la Disposición adicional 9ª de la Ley de 7 de Julio de 1981 que "las sentencias de separación, nulidad y divorcio se comunicarán de oficio a los Registros Civiles en que consten el matrimonio de los litigantes y los nacimientos de los hijos". A petición de parte, añade esta disposición, "podrán ser anotadas o inscritas en los Registros de la Propiedad y Mercantiles las demandas y sentencias de separación, nulidad y divorcio".

CAPÍTULO 7
MEDIDAS Y EFECTOS COMUNES A LOS PROCEDIMIENTOS DE NULIDAD, SEPARACIÓN Y DIVORCIO

1. INTRODUCCIÓN

A pesar de que la nueva situación a la que conducirán una vez dictadas las sentencias de separación, nulidad y divorcio será sustancialmente distinta, la regulación de los efectos de estos procedimientos, al menos como regla general, es unitaria. Tal planteamiento encuentra su justificación en el carácter común de la problemática que origina cualquier supuesto de crisis matrimonial en orden al sostenimiento futuro de los cónyuges o excónyuges, sus relaciones con los hijos comunes, y con los bienes del matrimonio.

Siguiendo la sistemática habitualmente utilizada por la doctrina, y que subyace en la normativa de esta cuestión en el Código civil y en la Ley de Enjuiciamiento Civil, distinguiremos tres períodos en los citados procedimientos, analizando las medidas que procede adoptar en cada uno.

2. MEDIDAS EN LA FASE PRELIMINAR

El mero propósito de solicitar judicialmente la separación, divorcio o nulidad de un matrimonio legitima a los cónyuges para reclamar la adopción de determinadas medidas tanto en el ámbito personal como patrimonial, denominadas previas o provisionalísimas. Según el artículo 104.1 C.c., "el cónyuge que se proponga demandar la nulidad, separación o divorcio de su matrimonio puede solicitar los efectos y medidas a que se refieren los dos artículos anteriores". En el mismo sentido se pronuncia el artículo 771 de la L.E.C. de 2000, que recoge el procedimiento por el que se sustancia la mencionada solicitud.

El artículo 104 C.c. alude a los efectos que produce automáticamente la admisión de la demanda, recogidos en el artículo 102 C.c., y a las medidas que judicialmente pueden ser adoptadas durante la substanciación de los procedimientos de nulidad, separación y divorcio, previstas en el artículo 103 C.c. Para el estudio detallado del contenido de ambos preceptos nos remitimos al apartado siguiente, sin embargo, cabe adelantar que uno de los efectos previstos en el artículo 102 C.c. es la desaparición de la obligación de convivencia que establecía el artículo 68 C.c. Por lo tanto, en principio, la salida del cónyuge del domicilio, sin incumplir el deber de convivencia, no sería posible hasta la correspondiente resolución judicial. Tal planteamiento, y las peligrosas consecuencias que pudieran derivarse de forzar el mantenimiento de la convivencia, es matizado por lo dispuesto en el artículo 105 C.c., según el cual, "no incumple el deber de convivencia el cónyuge que sale del domicilio conyugal por una causa razonable y en el plazo de treinta días presenta la demanda o solicitud a que se refieren los artículos anteriores".

En cualquier caso, la vigencia temporal de todas las medidas que puedan anticiparse por el Juez es muy limitada, ya que el artículo 104.2 C.c. establece que "estos efectos y medidas sólo subsistirán si, dentro de los treinta días siguientes a contar desde el momento en que fueron inicialmente adoptados, se presenta la demanda ante el Juez o Tribunal competente".

3. MEDIDAS PROVISIONALES DURANTE LA SUBSTANCIACIÓN DE LOS PROCEDIMIENTOS DE NULIDAD, SEPARACIÓN Y DIVORCIO

Durante el período de tiempo indispensable para la tramitación del procedimiento de nulidad, separación o divorcio, es necesario establecer un nuevo *status* jurídico interconyugal. Como principio general, los efectos y medidas adoptadas, denominadas *provisionales,* terminan cuando sean sustituidos por los de la sentencia estimatoria o se ponga fin al procedimiento de otro modo (art. 106 C.c. y art. 773.5 L.E.C.).

3.1. Efectos legales

Según el artículo 102 C.c., admitida la demanda de nulidad, separación o divorcio, se producen por ministerio de la Ley, los efectos siguientes:

1° Los cónyuges podrán vivir separados y cesa la presunción de convivencia conyugal. No rigen, por tanto, los artículos 68 y 69 del Código civil.

2° Quedan revocados los consentimientos y poderes que cualquiera de los cónyuges hubiera otorgado al otro. Esta revocación se entiende definitiva, de acuerdo al artículo 106.2 C.c., sin perjuicio de la posibilidad de otorgar nuevos poderes o consentimientos.

3° Salvo pacto en contrario, cesa la posibilidad de vincular los bienes privativos del otro cónyuge en el ejercicio de la potestad doméstica (cfr. art. 1.319 C.c.).

Para que estos efectos que se producen *ope legis* sean oponibles a terceros, cualquiera de las partes podrá instar la oportuna anotación en el Registro Civil y, en su caso, en los de la Propiedad y Mercantil.

3.2. Medidas judiciales

En virtud del artículo 103 C.c., el Juez, a falta de acuerdo de ambos cónyuges aprobado judicialmente, adoptará, con audiencia de éstos, las medidas siguientes:

1° Medidas relativas a las relaciones paterno-filiales. Se trata de "determinar, en interés de los hijos, con cuál de los cónyuges han de quedar los sujetos a la patria potestad de ambos y tomar las disposiciones apropiadas de acuerdo con lo establecido en este Código, y en particular, la forma en que el cónyuge que no ejerza la guarda y custodia de los hijos podrá cumplir el deber de velar por éstos y el tiempo, modo y lugar en que podrá comunicar con ellos y tenerlos en su compañía. Excepcionalmente, los hijos podrán ser encomendados a otra persona y, de no haberla, a una institución idónea, confiriéndoseles las funciones tutelares que ejercerán bajo la autoridad del Juez".

2º Medidas relativas al uso de la vivienda familiar. Alude el Código civil a la determinación, "teniendo en cuenta el interés familiar más necesitado de protección, cuál de los cónyuges ha de continuar en el uso de la vivienda familiar y asimismo, previo inventario, los bienes y objetos del ajuar que continúan en ésta y los que se ha de llevar el otro cónyuge, así como también las medidas cautelares convenientes para conservar el derecho de cada uno".

3º Medidas relativas a las cargas del matrimonio. Es necesario "fijar la contribución de cada cónyuge a las cargas del matrimonio, incluidas si procede las *litis expensas*, establecer las bases para la actualización de cantidades y disponer las garantías, depósitos, retenciones u otras medidas cautelares convenientes, a fin de asegurar la efectividad de lo que por estos conceptos un cónyuge haya de abonar al otro. Se considerará contribución a dichas cargas el trabajo que uno de los cónyuges dedicara a la atención de los hijos comunes sujetos a patria potestad".

4º Medidas relativas al régimen económico matrimonial. El Código civil se centra en el supuesto de que estemos ante un matrimonio sometido al régimen de la sociedad de gananciales lo cual será el supuesto más habitual en el ámbito del Derecho común, por ser éste, como se explicará en los temas relativos al régimen económico conyugal, el régimen legal supletorio, en defecto de capitulaciones matrimoniales o cuando éstas sean ineficaces.

Refiriéndose a los bienes comunes, se trata de "señalar, atendidas las circunstancias, los bienes gananciales o comunes que, previo inventario, se hayan de entregar a uno u otro cónyuge y las reglas que deban observar en la administración y disposición, así como en la obligatoria rendición de cuentas sobre los bienes comunes o parte de ellos que reciban y los que adquieran en lo sucesivo". Tal como señalan DÍEZ-PICAZO y GULLÓN, la comunidad conyugal no se divide *de iure*, pero se trocea *de facto*, de modo que la administración y gestión de una parte de los bienes comunes se entregan a cada cónyuge y la otra al otro, previo inventario.

Por lo que afecta a los bienes propios de cada uno de los cónyuges, según el artículo 103 C.c., las medidas se concretan en "determinar, en su caso, el régimen de administración y disposición de aquellos bienes privativos que por capitulaciones o escritura pública estuvieran especialmente afectados a las cargas del matrimonio". El régimen jurídico del resto de los bienes privativos no sufrirá modificación alguna, correspondiendo su administración y disposición a cada uno de los cónyuges.

4. EFECTOS DE LAS SENTENCIAS DE NULIDAD, SEPARACIÓN Y DIVORCIO

Estimada definitivamente la demanda de separación, nulidad o divorcio y, por tanto, confirmada al menos la ruptura de la convivencia, se acentúa la necesidad de ordenar con carácter estable las consecuencias personales y patrimoniales de la crisis matrimonial.

A estos efectos, los artículos 91 y ss. del Código civil diseñan con detalle el régimen jurídico aplicable en la nueva situación, apuntando una serie de cuestiones que han de ser decididas por la autoridad judicial que decreta la separación, nulidad o divorcio. Sin embargo, la preferencia que el Código civil, tras la reforma de 1981, concede a los acuerdos de los cónyuges en relación con los efectos de la separación, nulidad y divorcio obliga a estudiar previamente el llamado convenio regulador.

4.1. El convenio regulador

Con estos términos se denomina al documento en el que los cónyuges pactan las consecuencias de la separación, nulidad o divorcio. En los casos en los que exista resultará innecesario que el Juez se pronuncie sobre los efectos de la separación nulidad o el divorcio, limitándose a aprobarlo, según establece el artículo 90.2 C.c., salvo si los acuerdos son dañosos para los hijos o gravemente perjudiciales para uno de los cónyuges. No obstante, conforme al artículo 90.5 C.c., el Juez podrá establecer las garantías reales o personales que requiera el cumplimiento del convenio.

El convenio regulador, como recuerda el mismo artículo 90 C.c., necesariamente ha de concurrir en los procedimientos de separación y divorcio a los que se refieren, respectivamente, los artículos 81 y 86 del Código civil, esto es, en los casos en los que la separación o el divorcio sea solicitado por ambos cónyuges o por uno con el consentimiento del otro. Su inexistencia en estos casos supondrá la no admisión a trámite de la correspondiente demanda.

El contenido mínimo del convenio, al menos en estos procedimientos, será el siguiente (art. 90.1. C.c.):

A) La determinación de la persona a cuyo cuidado hayan de quedar los hijos sujetos a la patria potestad de ambos, el ejercicio de ésta y en su caso el régimen de comunicación y estancia de los hijos con el progenitor que no viva con ellos.

B) La atribución del uso de la vivienda y ajuar familiar.

C) La contribución a las cargas del matrimonio y alimentos, así como sus bases de actualización y garantías en su caso.

D) La liquidación, cuando proceda, del régimen económico del matrimonio.

E) La pensión que conforme al artículo 97 correspondiere satisfacer, en su caso, a uno de los cónyuges.

Completa la regulación, el párrafo 4° del artículo 90 C.c., según el cual, las medidas que el Juez adopte en defecto de acuerdo, o las convenidas por los cónyuges, podrán ser modificadas judicialmente o por nuevo convenio cuando se alteren sustancialmente las circunstancias (cfr. art. 775 L.E.C.).

4.2. Medidas judiciales

Además del pronunciamiento principal, la sentencia que estima la demanda de nulidad, separación o divorcio debe referirse a una serie de aspectos relativos a las personas y a los bienes del matrimonio que la misma declara nulo o disuelve o respecto del cual permite que los cónyuges no vivan juntos. Concretamente, dispone el artículo 91 C.c. que, en defecto de acuerdo de los cónyuges o en caso de no aprobación del mismo, el Juez "determinará conforme a lo establecido en los artículos siguientes las medidas que hayan de sustituir a las ya adoptadas con anterioridad en relación con los hijos, la vivienda familiar, las cargas del matrimonio, liquidación del régimen económico y las cautelas o garantías respectivas, estableciendo las que procedan si para alguno de estos conceptos no se hubiera adoptado ninguna. Estas medidas podrán ser modificadas cuando se alteren sustancialmente las circunstancias".

Las medidas a las que se refiere este precepto son las llamadas medidas definitivas que vienen a sustituir a las medidas provisionales adoptadas durante la substanciación del procedimiento. El Código civil no se limita en este punto a remitirse a los diferentes aspectos sobre los que pueden pactar los cónyuges, remisión que habría sido perfectamente posible e incluso deseable, dado que las medidas que ahora analizamos sólo se aplican de forma subsidiaria, en defecto de convenio regulador. Al contrario, vuelve a enumerar los mismos extremos a los que antes aludíamos.

1. *Medidas relativas a la patria potestad*

El artículo 92 C.c., comienza señalando que la separación, la nulidad y el divorcio no eximen a los padres de sus obligaciones para con los hijos (párrafo primero), y que el Juez, cuando deba adoptar cualquier medida sobre la custodia, el cuidado y la educación de los hijos menores, velará por el cumplimiento de su derecho a ser oídos (párrafo segundo). La audiencia, cuando concurran las circunstancias señaladas tiene que realizarse imperativamente, provocando su omisión la nulidad de las actuaciones judiciales correspondientes, volviendo, en su caso, a decidir sobre el asunto (cfr. art. 9 L.O. 1/1996, de 15 de enero; arts. 154.2° y 3°, 156.2°, 159, 173.2° C.c.; STS de 14 de mayo de 1987).

Alude este precepto, a continuación, a la posibilidad de que en la sentencia se acuerde la privación de la patria potestad cuando en el proceso se revele causa para ello. En cualquier caso, la privación de la patria potestad no exime al progenitor a quien afecta de la obligación de velar por sus hijos (Cfr. arts. 110 y 111 in fine).

Añade el párrafo cuarto del artículo que comentamos que "los padres podrán acordar en el convenio regulador o el Juez podrá decidir en beneficio de los hijos, que la patria potestad sea ejercida total o parcialmente por uno de los cónyuges".

Como novedad de la reforma operada a través de la Ley 15/ 2005, de 8 de julio, establece el párrafo quinto del mismo precepto que se acordará el ejercicio compartido de la guarda y custodia de los hijos cuando así lo soliciten los padres en la propuesta de convenio regulador o cuando ambos lleguen a este acuerdo en el transcurso del procedimiento. El Juez, al acordar la guarda conjunta y tras fundamentar su resolución, adoptará las cautelas procedentes para el eficaz cumplimiento del régimen de guarda establecido, procurando no separar a los hermanos.

En todo caso, antes de acordar el régimen de guarda y custodia, el juez deberá recabar informes del Ministerio Fiscal y oir a los menores que tengan suficiente juicio cuando se estime necesario de oficio o a petición del Fiscal, partes o miembros del Equipo Técnico Judicial, o del propio menor, valorar las alegaciones de las partes vertidas en la comparecencia y la prueba practicada en ella, y la relación que los padres mantengan entre sí y con sus hijos para determinar su idoneidad con el régimen de guarda.

No procederá, añade el párrafo séptimo, la guarda conjunta cuando cualquiera de los padres esté incurso en un proceso penal iniciado por atentar contra la vida, la integridad física, la libertad, la integridad moral o la libertad de indemnidad sexual del otro cónyuge o de los hijos que convivan con ambos. Tampoco procederá cuando el Juez advierta, de las alegaciones de las partes y de las pruebas practicadas, la existencia de indicios fundados de violencia doméstica.

Excepcionalmente, aún cuando no se den los supuestos del apartado cinco de este artículo, el Juez, a instancia de una de las partes, con informe favorable del Ministerio Fiscal, podrá acordar la guarda y custodia compartida fundamentándose en que solo de esta forma se protege adecuadamente el interés superior del menor.

Concluye el artículo 92 C.c. determinando que el Juez, antes de adoptar alguna de las decisiones a que se refieren los apartados anteriores, de oficio o a instancia de parte, podrá recabar dictámenes de especialistas debidamente cualificados, relativos a la idoneidad del modo de ejercicio de la patria potestad y del régimen de custodia de los menores.

2. *Medidas relativas a los alimentos en favor de los hijos*

En virtud del artículo 93 C.c., "el Juez, en todo caso, determinará la contribución de cada progenitor para satisfacer los alimentos y adoptará las medidas convenientes para asegurar la efectividad y acomodación de las prestaciones a las circunstancias económicas y necesidades de los hijos en cada momento".

Añade el párrafo segundo, introducido por la Ley 11/1990, de 15 de octubre, que "si convivieren en el domicilio familiar hijos mayores de edad o emancipados que carecieran de ingresos propios, el Juez, en la misma resolución, fijará los alimentos que sean debidos conforme a los artículos 142 y siguientes de este Código". Por tanto, la mayoría de edad, como había sostenido la jurisprudencia anterior a la citada modificación, no es causa de extinción de la pensión alimenticia. Tampoco lo es la finalización de sus estudios por parte del hijo mayor de edad, al considerarse como una mera capacidad subjetiva de ejercer una profesión y no como una posibilidad real y concreta.

3. *Medidas relativas al derecho de visita*

A ellas se refiere el artículo 94 C.c. que establece que "el progenitor que no tenga consigo a los hijos menores o incapacitados gozará del derecho de visitarlos, comunicar con ellos y tenerlos en su compañía. El Juez determinará el tiempo, modo y lugar del ejercicio de este derecho, que podrá limitar o suspender si se dieren graves circunstancias que así lo aconsejen o se incumplieren grave o reiteradamente los deberes impuestos por la resolución judicial".

En la misma línea, establece el artículo 160 C.c. que el padre y la madre, aunque no ejerzan la patria potestad, tienen el derecho de relacionarse con sus hijos menores, añadiendo, que no podrán impedirse sin justa causa las relaciones personales entre el hijo y otros parientes y allegados. En caso de oposición, el Juez, a petición del menor o del pariente o allegado, resolverá atendidas las circunstancias.

4. Medidas relativas al régimen económico matrimonial

Comienza señalando el artículo 95 C.c. que "la sentencia firme producirá, respecto de los bienes del matrimonio, la disolución del régimen económico matrimonial". Este párrafo hay que ponerlo en relación con el artículo 1.392 C.c., que como veremos en el último capítulo relativo a la sociedad de gananciales, incluye en sus tres primero párrafos como causas de la disolución de la misma la disolución del matrimonio, la declaración de nulidad del mismo, y el que se decrete judicialmente la separación de los cónyuges. Así mismo, el artículo 1.415 C.c., referido al régimen de participación, se remite para la extinción del mismo a los casos previstos para la sociedad de gananciales.

El párrafo segundo del artículo 95 C.c., pensando también en el supuesto de matrimonio sometido al régimen de la sociedad de gananciales, establece que "si la sentencia de nulidad declara la mala fe de uno sólo de los cónyuges, el que hubiere obrado de buena fe podrá optar por aplicar en la liquidación del régimen económico matrimonial las disposiciones relativas al régimen de participación y el de mala fe no tendrá derecho a participar en las ganancias obtenidas por su consorte". Nos remitimos para una mejor comprensión de este precepto a los capítulos dedicados al estudio del régimen de la sociedad de gananciales y régimen de participación.

5. Medidas relativas al uso de la vivienda y del ajuar familiar

Señala el artículo 96 C.c. que, en defecto de acuerdo de los cónyuges aprobado por el Juez, el uso de la vivienda familiar y de los objetos de uso ordinario en ella corresponde a los hijos y al cónyuge en cuya compañía queden. Cuando alguno de los hijos queden en la compañía de uno y los restantes en la del otro, el Juez resolverá lo procedente. No habiendo hijos, podrá acordarse que el uso de tales bienes, por el tiempo que prudencialmente se fije, corresponda al cónyuge no titular, siempre que, atendidas las circunstancias, lo hicieran aconsejable y su interés fuera el más necesitado de protección.

Finalmente, ordena el citado precepto que "para disponer de la vivienda y bienes indicados cuyo uso corresponda al cónyuge no titular se requerirá el consentimiento de ambas partes o, en su caso, autorización judicial". Si el acto de disposición se realizase sin el consentimiento del cónyuge no titular y sin la autorización judicial, la doctrina mayoritaria entiende aplicable el artículo 1322 C.c. Sin embargo, en opinión de LACRUZ BERDEJO, también puede pensarse que el efecto fundamental de la falta de consentimiento del cónyuge o ex-cónyuge usuario de la vivienda sea la inoponibilidad, a él, del acto de enajenación.

6. *Medidas relativas a la compensación a favor de uno de los cónyuges*

En virtud del artículo 97.1 C.c., aplicable únicamente a los supuestos de separación y divorcio, "el cónyuge al que la separación o divorcio produzca desequilibrio económico en relación con la posición del otro, que implique un empeoramiento en su situación anterior en el matrimonio, tendrá derecho a una compensación que podrá constituir en una pensión temporal o por tiempo indefinido o en una prestación única, según se determine en el convenio regulador o en la sentencia. A falta de acuerdo de los cónyuges, el Juez, en sentencia, determinará su importe teniendo en cuenta las siguientes circunstancias:

1° Los acuerdos a que hubieren llegado los cónyuges.

2° La edad y estado de salud.

3° La cualificación profesional y las probabilidades de acceso a un empleo.

4° La dedicación pasada y futura a la familia.

5º La colaboración con su trabajo en las actividades mercantiles, industriales o profesionales del otro cónyuge.

6º La duración del matrimonio y de la convivencia conyugal.

7º La pérdida eventual de un derecho de pensión.

8º El caudal y medios económicos y las necesidades de uno y otro cónyuge".

9º Cualquier otra circunstancia relevante.

La enumeración expuesta es simplemente ejemplificativa tal como se deduce del propio tenor literal del precepto. Por otro lado, en la resolución judicial, además de la cantidad a satisfacer, se fijarán las bases para actualizar la pensión y las garantías para su efectividad. Normalmente, consistiendo la pensión en una cantidad concreta, la actualización se realizará en base al índice general de precios al consumo.

Fijada la pensión y las bases de su actualización en la sentencia de separación o de divorcio, añade el artículo 100 C.c., que "sólo podrá ser modificada por alteraciones sustanciales en la fortuna de uno u otro cónyuge". Así, si se reducen los ingresos del que está obligado a satisfacer la pensión compensatoria, una vez acreditado que la reducción es permanente y no ha sido motivada voluntariamente por él, se modificará su cuantía o se extinguirá. Lo mismo sucederá, si el beneficiario de la pensión aumenta sus ingresos o patrimonio, tras la correspondiente comprobación judicial.

El derecho a la pensión se extingue, conforme al artículo 101 C.c., por el cese de la causa que lo motivó, por contraer el acreedor nuevo matrimonio o por vivir maritalmente con otra persona. No se extingue por el solo hecho de la muerte del deudor. No obstante, los herederos de éste podrán solicitar del Juez la reducción o supresión de aquélla, si el caudal hereditario no pudiera satisfacer las necesidades de la deuda o afectara a sus derechos en la legítima. Tampoco se extingue, a pesar de que el precepto no lo determine expresamente, porque el deudor contraiga nuevo matrimonio, en cambio, sí tiene lugar la extinción por el fallecimiento del acreedor. Igualmente, es causa de extinción la renuncia del cónyuge beneficiario que puede ser consecuencia de su sustitución por otro tipo de contraprestación o sin contraprestación alguna. En cualquier momento, señala el artículo 99 C.c., podrá convenirse la sustitución de la pensión fijada judicialmente conforme al artículo 97 por la constitución de una renta vitalicia, el usufructo de determinados bienes o la entrega de un capital en bienes o en dinero.

Frente a esta regulación, para los supuestos de nulidad matrimonial, y más concretamente para el caso del matrimonio putativo, establece el artículo 98 C.c. que "el cónyuge de buena fe cuyo matrimonio haya sido declarado nulo tendrá derecho a una indemnización si ha existido convivencia conyugal, atendidas las circunstancias previstas en el artículo 97". A pesar de la remisión al artículo 97 C.c., ha de entenderse que no es presupuesto para que nazca el derecho a una indemnización, el desequilibrio económico entre los cónyuges que implique un empeoramiento en la situación anterior en el matrimonio de uno de ellos. La remisión sólo opera en lo que se refiere a los parámetros que proporciona el citado precepto para establecer el montante definitivo de la indemnización.

ANEXO I.
Tramitación básica en los juicios de separación y divorcio: resumen normativo y explicativo en relación a la Ley de Enjuiciamiento Civil[1]

A.- TRAMITACIÓN: ARTÍCULO 770 DE LA L.E.C.

— Presentación de la demanda.

— Resolución admitiendo la demanda y emplazamiento por veinte días al demandado y al Ministerio Fiscal si existen hijos menores o incapacitados.

— Presentación de la contestación a la demanda (se admite reconvención).

— Resolución dando traslado de la reconvención por diez días al demandante.

— Resolución señalando la vista oral.

— Sentencia.

— Escrito formulando el recurso de apelación (Veinte días para interponer apelación (art. 458 LEC).

— Providencia dando traslado al apelado por diez días para que se oponga o impugne el recurso.

— Escrito de oposición a la apelación.

— Providencia mandando emplazar a las partes por treinta días ante la Audiencia Provincial.

---

(1) Este resumen pertenece al trabajo de nuestra compañera BASTERRECHE ARCOCHA, PAULA incorporado en la obra colectiva Los 25 temas más frecuentes en la vida práctica del Derecho de Familia. Tomo II. Madrid 2011. Directores de la obra D. Francisco Lledó Yagüe y Dª Alicia Sánchez Sánchez.

B. DESARROLLO DE LA VISTA ORAL: ARTÍCULO 770 L.E.C.

— Asistencia de las partes con Abogados y Procuradores.
— Ratificación de la demanda y contestación.
— Proposición de la prueba .
— Admisión y práctica de las pruebas propuestas. Las pruebas que no puedan practicarse en la vista, se practicaran en los treinta días siguientes con nuevo señalamiento si fuera preciso.
— Si hubiere hijos menores o incapacitados, se les oirá si tuvieren suficiente juicio y en todo caso a los mayores de doce años.
— Resumen de pruebas.

C- DOCUMENTACIÓN A PRESENTAR JUNTO CON LA DEMANDA

— Poder notarial a favor de Procurador o "apud acta" en el mismo Juzgado que tramita el juicio.
— Certificado de empadronamiento para determinar la competencia.
— Certificado de matrimonio.
— Certificado de nacimiento de los hijos menores o incapacitados.
— Documentación en que funde su derecho.
— Documentación acreditativa de la situación económica de los cónyuges. Y en su caso de los hijos.

D.- COMPETENCIA. ARTÍCULO 769 LEC

— Será competente, el Juzgado de Iª Instancia del lugar del domicilio conyugal.
— Si los cónyuges residen en distintos partidos judiciales, a elección del demandante, entre el último domicilio conyugal o el lugar de residencia del demandado.

E.- ART 770.5 En cualquier momento del procedimiento, los cónyuges podrán solicitar la continuación por los trámites del procedimiento de mutuo acuerdo del artículo 777 LEC.

SEPARACIÓN Y DIVORCIO DE MUTUO ACUERDO O CON CONSENTIMIENTO DE UNO DE LOS CÓNYUGES.

A.- TRAMITACIÓN ARTÍCULO 777 DE LA LEC

— Presentación de la demanda.

— Providencia admitiendo la demanda y señalando día para la ratificación de los cónyuges, en su petición.
— Si hubiere hijos menores o incapacitados, el Tribunal recabará informe del Ministerio Fiscal.
— Exploración del menor: Se oirá a los hijos cuando tuvieren suficiente juicio y, en todo caso, a los mayores de doce años.
— Sentencia.
— Si la Sentencia no aprobase el convenio regulador en todo o en parte, se dará un plazo de diez días a las partes para que presenten nuevo convenio.
— Auto acordando lo procedente.
— Apelación: El mismo trámite que para el procedimiento de separación o divorcio contenciosos, pero:
1.- La sentencia o auto que apruebe la totalidad del convenio, sólo puede recurrirse por el Ministerio Fiscal en interés de los hijos.
2.- La Sentencia que deniegue la separación o divorcio o el auto que acuerde alguna medida que se aparte del convenio pueden ser recurridas en apelación.
3.- La apelación contra el auto que decida sobre las medidas, no suspende la eficacia de éstas ni afecta a la firmeza de la Sentencia de separación o divorcio.

B.- DOCUMENTOS A PRESENTAR JUNTO CON LA DEMANDA
— Poder notarial o "apud acta" a favor del procurador.
— Certificado de empadronamiento.
— Certificado de matrimonio.
— Certificado de nacimiento de los hijos menores o incapacitados.
— Convenio regulador.
— Documentos acreditativos de la situación económica de los cónyuges (si hubiere hijos menores o incapacitados).
— Si no fuere posible probar algún hecho mediante documentos, en el escrito de demanda se propondrá la prueba pertinente para acreditarlo.

C- COMPETENCIA ARTÍCULO 769.2 DE LA L.E.C.

La competencia corresponde a los Juzgados de Primera Instancia del último domicilio común o el del domicilio de cualquiera de los solicitantes.

MEDIDAS PROVISIONALES PREVIAS A LA DEMANDA DE NULIDAD, SEPARACIÓN O DIVOCIO. ARTÍCULO 771 DE LA LEC

A.- TRAMITACIÓN

- Se presenta las medidas previas en demanda independiente y antes de la demanda de nulidad, separación o divorcio.
- Presentación de la demanda: puede presentarse sin Abogado ni Procurador, pero sí son necesarios en cualquier escrito o actuación posterior.
- Resolución citando a los cónyuges y, en su caso, al Ministerio Fiscal a comparecencia. (En caso de urgencia en esta resolución, el Juez puede acordar los efectos a que se refiere el artículo 102 del Código Civil y lo oportuno sobre custodia de hijos y uso de la vivienda familiar). Contra esta resolución no cabe recurso.
- Celebración de la comparecencia.
- Auto acordando medidas previas sobre los efectos a que se refieren los artículos 102 y 103 del Código Civil.
- Contra el Auto de medidas previas no cabe recurso.

B.- DESARROLLO DE LA COMPARECENCIA.

- Necesaria la asistencia de Letrados y Procuradores.
- El Tribunal intentará el acuerdo entre las partes.
- Ratificación en la demanda y alegaciones por el demandante.
- Alegaciones del demandado.
- Proposición y práctica de prueba: Si existiera alguna prueba que no pueda practicarse en la comparecencia se señalará otro día y se practicará la prueba en unidad de acto.

C- COMPENTENCIA.

- Lugar del domicilio del demandante.

D.- VIGENCIA.

Las medidas previas acordadas subsisten si, dentro de los treinta días siguientes a su adopción, se presenta la demanda de nulidad, separación o divorcio.

MEDIDAS PROVISIONALES DERIVADAS DE LA ADMISIÓN DE LA DEMANDA DE NULIDAD, SEPARACIÓN O DIVORCIO

A.- TRAMITACIÓN

— Se solicita junto con la demanda de nulidad, separación o divorcio.
— También puede solicitarlo el demandado en su escrito de contestación si no hubieran sido solicitadas por el demandante.
— Resolución admitiendo las medidas y citando a los cónyuges y, en su caso, al Ministerio Fiscal a comparecencia.
— Tramitación: la misma que para las medidas previas, artículo 771.
— Auto acordando las medidas provisionales con los efectos del artículo 103 del Código Civil.
— Contra el auto de medidas provisionales no cabe recurso.
— Este auto no vincula a las partes ni al Tribunal en lo que respecta a las medidas definitivas.

MEDIDAS DEFINITIVAS. ART 774 DE LA LEC

1.- En la vista del juicio de nulidad, separación o divorcio, los cónyuges pueden presentar los acuerdos a que hubieren llegado para regular las consecuencias de la nulidad separación o divorcio.

2.- Si no hay acuerdo sobre las medidas a adoptar ,se solicita la prueba por las partes , El Ministerio Fiscal y la prueba que el Tribunal acuerde de oficio, practicándose en la vista del juicio.

3.- En la Sentencia de nulidad, separación o divorcio, el Tribunal, resuelve sobre las medidas solicitadas de común acuerdo por los cónyuges .tanto si ya estuvieran adoptadas como medidas provisionales como si se hubieran propuesto en el acto del juicio.

4.- En defecto de acuerdo de los cónyuges o si este no se aprueba, el Tribunal determinará en la sentencia de nulidad .separación o divorcio las medidas que hayan de sustituir a las ya adoptadas o las que procedan si no estuvieran adoptadas y todo ello relativo a:

- hijos
- vivienda familiar
- cargas del matrimonio
- disolución del régimen económico

5.- Los recursos contra la sentencia de nulidad, separación o divorcio no suspenden la eficacia de las medidas que se hubieren acordado. Si el recurso solo afecta a los pronunciamientos sobre las medidas, se declarara la firmeza del pronunciamiento sobre nulidad.separación o divorcio.

MODIFICACIÓN DE MEDIDAS DEFINITIVAS. ARTÍCULO 775 DE LA LEC

1.- Pueden solicitarlas el Ministerio Fiscal o los cónyuges, siempre que hayan variado sustancialmente las circunstancias que se tuvieron en cuenta al aprobar las medidas definitivas.

2.- Tramitación:

  A.- Procedimiento contencioso por los trámites del artículo 770 de la LEC.

  B.- Procedimiento de común acuerdo o a petición de uno de los cónyuges con el consentimiento del otro: Artículo 777 LEC.

3.- En la demanda o contestación puede solicitarse la MODIFICACIÓN PROVISIONAL de las medidas definitivas. Se tramitará conforme al artículo 773 de la LEC.

MODIFICACIÓN DEL CONVENIO REGULADOR. ARTÍCULO 777.9 DE LA LEC

- Se solicita en demanda independiente
- TRAMITACIÓN:

  A.- Por los trámites del mutuo acuerdo acompañando convenio regulador.

  B.- Por el trámite contencioso, artículo 775 de la LEC.

ANEXO 2
El matrimonio entre personas del mismo sexo y su repercusión en las relaciones juridico familiares[2]

Desde que se aprobó la Constitución en 1978, el ámbito de las relaciones jurídicas familiares, es el espacio jurídico, donde se han proyectado con mayor intensidad y extensión las reformas legislativas inspiradas tanto en los principios rectores de la igualdad de trato en las distintas situaciones jurídicas, como en la consolidación de una intensa protección de la familia reconociendo su tutela no sólo a la vieja familia inspirada en la tradición romanista sino también en cualquier otra estructura de relación incluso monoparental (en este sentido el art. 39 de nuestra Constitución, es un fiel reflejo de una interpretación jurisprudencial que abarca en su seno distintas relaciones de familia).

Las primeras reformas legislativas, a la sazón en 1981, superaron aquellas viejas discriminaciones (*odiosa sunt restringenda*) de las desigualdades de trato en la filiación por razón del nacimiento. Asimismo, en el ámbito de las relaciones matrimoniales, se consolidó, una vieja y demandada conquista histórica en el ámbito de las relaciones personales y patrimoniales del matrimonio. Así el principio de igualdad, en las relaciones derivadas del *ius connubi*, se erigió en principio de actuación. En este sentido los cónyuges, en su esfera personal y patrimonial podían actuar en plano de igualdad sin que la *autoritas* del *pater familiae,* del cónyuge- varón- le supusiese una situación de jerarquía en la toma de decisiones, y por ende una subordinación y dependencia del otro cónyuge.

---

(2) ZARRALUQUI ABOGADOS & LLEDO ABOGADOS. Bufetes especializados en Derecho de Familia. El Derecho matrimonial. Comentarios a las leyes 13/2005 de 1 de julio y 15/2005 de 8 de julio Dykinson. Madrid 2007. Véase el comentario más extenso sobre estas consideraciones de LLEDO YAGÜE, FRANCISCO. Págs. 305-321.

En el momento actual, la evolución legislativa, y los intensos cambios sociales, han permitido que el Estado del Bienestar, llegue al reconocimiento de "Derechos" de los grupos y colectivos tradicionalmente discriminados y preteridos en sus derechos y sus legítimos planteamientos de convivencia.

Así España, con las actuales reformas se ha erigido como estandarte de los primeros países del mundo en cuanto al reconocimiento de los derechos de las parejas homosexuales y lesbianas, equiparando su situación tanto *ad intra* como *ad extra* a la de las parejas heterosexuales. Esta equiparación permite aquellas parejas, un trato de igualdad en las distintas instituciones jurídicas en las que ahora son legítimamente parte "activa y efectiva" y no solo "afectiva". Nos queremos referir, por ejemplo, a que no sólo van a poder adoptar, sino también percibir en su caso "pensión compensatoria", pensión de viudedad, adquisición de la nacionalidad española, subrogación en el arrendamiento, etc.

En línea con lo expuesto remitiéndose al caso concreto de la adopción, antes de la reforma de 2005 una pareja de homosexuales no podían ambos constituir el vínculo adoptivo sino que lo era en relación a uno de los miembros de la pareja, aunque en la realidad de hecho el hijo adoptado convivía con los dos miembros (personas del mismo sexo) de la pareja. Si antes de la reforma la adopción solo estaba permitida para los matrimonios, parejas de hecho heterosexuales y/o solteros. De lege lata, las parejas gays y lesbianas podrán adoptar conjuntamente; si bien solo podrán adoptar a niños españoles, ya que los países con los que España tiene convenios en este sentido, no permiten la adopción a parejas del mismo sexo. Es así que de momento *la adopción internacional* por matrimonios homosexuales no es posible (salvo en los países donde no solo se admita el matrimonio de homosexuales, sino que también puedan adoptar (ej.: Holanda).

A modo puramente ejemplificativo uno de los ámbitos de necesaria regulación que se van a ver afectados son las leyes como la de la ley de reproducción humana asistida, /ley 14/2005 de 26 de mayo). Se ha tenido que adoptar las expresiones "marido y mujer" por cónyuge[3] (ver nota última pá-

(3) En este sentido remitimos al lector a nuestra obra colectiva Comentarios científicos-jurídicos a la nueva ley sobre técnicas de reproducción humana asistida. Directores LLEDO YAGÜE, F; OCHOA MARIETA, C. Dykinson Madrid 2007. También véase el interesante trabajo de PEREZ MONGE, M. La filiación derivada del empleo de las técnicas de Reproducción asistida en obra colectiva Los 25 temas más frecuentes en la vida práctica del Derecho de Familia. Tomo I. Parte Sustantiva. Directores LLEDO YAGÜE; SANCHEZ SANCHEZ, A. Coordinador MONJE BALMASEDA, O. Dykinson Madrid 2011.

gina) La nueva ley de reproducción humana asistida deberá tipificar la posibilidad de que un niño pueda tener "dos padres" o "dos madres" (lo cual puede resultar *ab initio* discriminatorio, y desigual, con el supuesto tradicional de la filiación por naturaleza). Obsérvese que no estamos divagando en el "cielo de los conceptos jurídicos", como diría IHERING, sino en una realidad en donde los hechos superan a la ficción. En línea con este razonamiento podríamos preguntarnos ¿Cómo se resolverá el supuesto de la filiación de un hijo, en el que una pareja homosexual y/o lesbiana han acudido a las técnicas de reproducción humana asistida? En el caso de dos homosexuales necesariamente tendrán que remitirse necesariamente al supuesto de la maternidad subrogada (art. 10 de la LRHA).

En el precedente caso, deber recordarse que este contrato, la ley lo tilda de nulidad, con lo que la maternidad del hijo, corresponderá a la madre que lo ha parido (art. 120 .4 C.c), pero ¿a quien de los dos miembros de la pareja homosexual corresponderá la paternidad...? ¿a quien ha facilitado el esperma? ¿y en este caso el otro cónyuge, que situación jurídica tendrá?

Por el contrario en el caso de una pareja lesbiana, si una ha engendrado al hijo ella a tenor de la legalidad vigente, resultará ser la madre (jurídica y biológicamente hablando) pero ¿y el otro cónyuge, "la consorte que no ha parido"? En fin, estos interrogantes, se resolverán a tenor de las modificaciones obligadas en el Registro Cviil (orden de 8 de febrero de 2006) por la que la expresión marido y mujer, se sustituyen por la de cónyuge A y cónyuge B. Asimismo la expresión padre se sustituirá por progenitor A y la expresión madre por la de progenitor B.

Asimismo, en otro orden de consideraciones cabe que a partir de ahora puedan los cónyuges del mismo sexo recibir derechos hereditarios, en su condición de "cónyuge viudo". Es obvio, que hasta el momento presente, lo que si cabía era resultar llamado como heredero voluntario, o legatario. Es así, que la reforma, incide en el ámbito del Derecho sucesorio, en cuanto al reconocimiento, al cónyuge homosexual, o lesbiana de derechos legitimarios, como los tiene a la sazón el cónyuge heterosexual (art. 834 C.c). En consecuencia, también cualquiera de los cónyuges (del mismo sexo) podrán recurrir a la desheredación (art. 855 C.c). En el caso de fallecer intestado para cualquiera de los cónyuges del mismo sexo, se produciría una delación legítima a favor del "ex cónyuge supérstite" del mismo sexo, como heredero abintestato, en defecto de hijos (en nuestro caso adoptivos, si bien cabe la posibilidad de hijos matrimoniales o extramatrimoniales de una relación anterior disuelta por muerte o divorcio). En este caso, si cualquiera de los cónyuges en un matrimonio homosexual, o lésbico, hubiese estado anteriormente casado, y hubiese sobrevenido muerte o divorcio de su consorte anterior; si el cónyuge "homosexual" contrae nuevo matrimonio con persona del mismo sexo, este le corresponde en caso de fallecimiento de aquél, el reconocimiento de "ex cónyuge viudo".

Se nos antoja difícil, y psicológicamente confuso, que los hijos habidos en el primer matrimonio, llamen al padre y / o madre, progenitor A o progenitor B. el desconsuelo (si la disolución del vínculo ha sido por muerte) familiar vendrá unido a las ineludibles sesiones con un experto psicoterapeuta en nuevas integraciones familiares sobrevenidas….

Asimismo, si en un matrimonio de personas del mismo sexo, no ha habido motivo de desheredación, el "ex cónyuge supérstite" se le tiene que reconocer sus derechos legitimarios dado que en caso contrario se incurriría en preterición sucesoria. En fin, habrá que adaptar artículos como el 831 (delegación de la facultad de mejorar, y en general el contenido de las disposiciones *mortis causa* que infringiesen derechos hereditarios al cónyuge supérstite (siendo del mismo sexo que el fallecido a la sazón).

No obstante, remitimos al lector, a las precisas y competentes argumentaciones en el ámbito sucesorio elaborado por el Dr. Rebolledo Varela[4], en el presente libro.

Efectivamente, la reforma del art. 44 del Código Civil, trasunto y referente del cuestionado y polémico art. 32 de la constitución, lleva a replantear no solo la modificación, y/o adaptación del régimen económico del matrimonio, sino también a ampliar el ámbito de las capitulaciones matrimoniales. Del mismo modo ocurrirá lo mismo en el ámbito de las donaciones por razón de matrimonio.

Interesante es, asimismo, el análisis del Registro civil, y su necesaria adaptación a las distintas secciones, como la de los matrimonios, filiaciones, etc. En este sentido remitimos al lector a la orden jus de 8 de febrero de 2006. Fundamentalmente el artículo 3 (extractos de inscripción de matrimonio) donde se sustituye como hemos visto las expresiones marido y mujer por cónyuge A y cónyuge B. el artículo 4 (inscripciones principales de nacimiento) en donde la expresión padre se sustituye por al de progenitor A y la expresión madre por la de progenitor B. también en el artículo 5 (inscripciones principales de matrimonio) se añade una línea que precede a los

(4) REBOLLEDO VARELA, A. Obra colectiva. op cit. El Nuevo Derecho Matrimonial. Dykinson. Madrid. 2007. Especialmente el comentario a los artículos 834, 835, 840 y 945. Pags. 151-173.

datos de cada uno de los cónyuges con la expresión literal cónyuge A, para el primero de los inscritos y cónyuge B, para el segundo.

En otro orden de consideraciones, con razón, se ha argumentado que España ha ingresado en el selecto "club vanguardista y ultraliberal, de países como Holanda, Bélgica, Canadá, o el Estado norteamericano de Massachussets, en donde los derecho de los homosexuales y lesbianas son reconocidos en plano de igualdad con el de los derechos de los heterosexuales.

En fin, a partir de ahora y centrándonos en la legalidad ordinaria en nuestro país, el Código Civil, ha tenido que adaptarse terminologicamente a esta nueva e impactante situación jurídica, de suerte que la "locución" cónyuges, amplía en supuesto de hecho, todas las situaciones posibles, esto es, marido y mujer, dos mujeres, dos hombres. Y por ahora un controlado y expectante etc... Todo ello reglamentado técnicamente en el Registro Civil con el empleo de una técnica descriptiva más acorde con un uso funcional del lenguaje, que con una utilización propia de un lector de Cervantes o Delibes...

Desde una reflexión de política legislativa, el legislador ha pensado que la modificación es terminológica. Así, se argumenta que la reforma modifica el Código Civil en 16 artículos, y los cambios se basan en sustituir las palabras "marido y mujer" por cónyuges, y la palabra "padre y madre" por "progenitores", como lo ha hecho en su Orden ius 568/2006 de 8 de febrero. Pero es evidente, que se pone de manifiesto que el cambio es cuantitativa y cualitativamente importante desde el ámbito de las categorías o instituciones familiares.

En mi opinión, el cambio es más profundo, no pretendemos caer pretenciosamente en la demagogia y en planteamientos o convicciones ideológicas que no interesan al lector, y son mas propios del estudio ya de la filosofía del Derecho. En nuestra posición de juristas, y en el interés de resolver conflictos jurídicos, reprochamos al legislador, su falta de perspectiva y "de prospección jurídica del intenso cambio producido". En este sentido, remitimos al comentario *supra,* en torno a la filiación adoptiva del hijo, al modo de solucionar la filiación del hijo obtenido a través de las técnicas de reproducción humana asistida, las necesarias modificaciones en el Registro Civil, las modificaciones (si en su caso procediera) en las normas de Derecho internacional privado (art. 9 C.c): matrimonio celebrado entre español y extranjero o extranjeros residentes en España del mismo sexo. Asimismo, deberán adoptarse las normas de la patria potestad, al casuismo de supuestos que puedan derivarse en la "práctica jurídica".

En fin, con la actual reforma el legislador *reinterpreta y modifica* los tradicionales e incuestionados requisitos consustánciales al matrimonio, como *la heterosexualidad, o complementariedad de sexos,* abriendo la institución jurídica también a las parejas homosexuales y/o lesbianas, con lo que ha provocado una convulsa polémica social, en un país tan ciclotímico como España...

Las críticas a la reforma, han provenido de estamentos no solo sociales sino incluso jurídicos como el propio Consejo del Poder Judicial, para quien con "la reforma del 2005 se va más allá del puro cambio normativo para incidir en uno de los pilares de nuestra cultura jurídica y en la mentalidad social...".

En este sentido, habría que recordar, por un lado el propio art. 9 del texto constitucional, a favor de una interpretación laxa de la institución matrimonial y acorde al interés social favorecedor del principio de igualdad. A tal efecto deberemos traer a colación el art. 3.1 del Código Civil que obliga a "reinterpretación sociológica y actual de las normas a tenor del tiempo en que han de ser aplicadas. En este sentido, cabría recordar aquella famosa frase del poeta grecolatino Esquilo *"cada época tiene un sentido, según el cual el Derecho se desplaza... "*. En conclusión no parece indiscutible que del art. 32 de la Constitución, se colija un rígido concepto de matrimonio, al que deba unírsele el requisito de la "heterosexualidad" como cuestión imperativa. Si a ello unimos las recientes proclamaciones de los textos internacionales proclives a desterrar cualquier discriminación por razón de la orientación sexual (Constitución Europea), parece que la conclusión no puede ser otra que la licitud de la ampliación del supuesto de hecho de la norma constitucional (art. 32) incluso para las parejas homosexuales y /o lesbianas a tenor de lo prescrito en la Constitución Europea, y el espíritu laxo que se desprende de sus disposiciones...

En sentido contrario, a nuestra argumentación en el informe del Consejo General del Poder Judicial (en adelante C.G.P.J), se critica que el legislador pueda "hacer tales cambios en el contenido de los derechos. Supone en realidad admitir que el legislador adopte decisiones propias del poder constituyente, lo que es ir mucho más allá de la adaptación de la Constitución a la realidad social". En mi opinión, discrepo de este planteamiento, que incurre en el error de concebir las normas programáticas del texto constitucional como referentes inmovilistas, estáticos en su configuración conceptual. Tampoco la Constitución debe ser un cuerpo normativo de definiciones. La norma debe adaptarse a la realidad social, pero en el caso que nos ocupa, se pretende que la realidad social se acomode a una interpretación rígida y estricta del párrafo primero del art. 32. En dicho precepto, no se dice *expresamente* que el hombre y la mujer deben contraer matrimonio *entre sí,* luego cabe una interpretación *extensiva,* cuando ello se confirma en la *praxis*, con modelos de convivencia no exclusivamente heterosexuales. No pienso que, se desnaturalice ninguna institución, sino al contrario se vigoriza en su contenido y esencia. Precisamente porque como se dice en el informe del C.G.P.J "el matrimonio es un instituto normativamente garantizado por lo que debe ser reconocible en Derecho". Y añade un argumento que refuerza nuestra tesis se dice: "Esto obedece a que toda regulación que se haga de un instituto jurídico preexistente, debe gozar de esa recognoscibilidad en la conciencia social". En coherencia con este argumento, se puede argumentar que ha sido la demanda social, la propia evolución del sistema familiar, el reconocimiento de derechos a las capas menos favorecidas, es lo que ha propiciado esta reclamación precisamente asentada en una "evolutiva y exigente *conciencia social.* No se puede partir, a menos que se incida en un falso apriorismo, que la "heterosexualidad" forma parte del contenido mínimo esencial del matrimonio. No se puede incurrir en el sofisma y comparación por ejemplo con la "poligamia o poliandria". En este sentido se nos podría reprochar, que basta que el legislador ordinario lo admita, para que el matrimonio admitiese esas formas pluriconvivenciales, reduciendo el problema a una cuestión estrictamente normativa o de Derecho positivo. Sin embargo frente a esta reflexión, debe indicarse que se parte de un error, pues no basta solo el "criterio normativo", sino también la convicción y aceptación social, lo que en el caso que nos ocupa no ocurre, porque pertenece aun modelo cultural diferente al nuestro. En conclusión no puede identificarse el "matrimonio poligámico al homosexual, porque aquél no es un modelo de convivencia aceptado y tolerado por nuestra conciencia social; sin embargo el homosexual y / o lesbiana, ocurre todo lo contrario porque en la realidad social, este modo de convivencia ha sido aceptado "colectivamente" como una opción legítima de convivencia. Es por ello que discrepo del informe del C.G.P.J., porque no creo que solo dependa de una opción determinista del legislador de turno...

A mayor abundamiento la propia Constitución europea (título II- libertades, art. II 69 "D" a contraer matrimonio y derecho a fundar una familia", regula estos *derechos* según las "leyes nacionales que regulen su ejercicio.. como se puede observar no es un precepto de carácter prohibicionista; sino que remite a la legislación *ad hoc* de cada Estado miembro, con lo cual no puede colegirse que el espíritu del legislador constituyente puede desoír el reconocimiento de Derechos a las parejas del mismo sexo. En sentido contrario, se manifiesta el informe del C.G. P.J, incurriendo en juicios de valor oportunistas. La razón no es otra que criticar el hecho que sea el legislador ordinario quien tenga la potestad de determinar la ampliación del requisito de la capacidad para contraer matrimonio, o personas del mismo sexo", y ello porque se entiende que no es *conditio iuris* el requisito de la heterosexualidad. Participo de la opinión de aquellos que explican la heterosexualidad como "elementos tradicionalmente predicado del matrimonio", y meramente accidental. En sentido contrario, el informe del C.G.P.J, insiste en que a lo largo del tiempo han cambiado las formas del matrimonio, los requisitos para contraerlo, se habrán diseñado figuras jurídicas basadas en la aproximación analógica al matrimonio (uniones de hecho) pero lo que siempre permanece es su carácter heterosexual". Y se concluye con una afirmación puramente sofista, según la cual "una reforma que afecte al núcleo identificador conllevaría el riesgo de modificar una institución jurídica hasta el extremo de hacerla perder su recognoscibilidad en Derecho... ¿por qué, esta conclusión tan desmitificadora? Precisamente el Derecho reconoce la realidad social impuesta por la fuerza de los hechos. No es un criterio normativo al albur de una opción ideológica del legislador.

No puedo estar de acuerdo con la afirmación según la cual en un matrimonio del mismo sexo la descendencia siempre se basaría en la *extramatrimonialidad* de la filiación, tanto en el caso de uniones entre mujeres como, con mayor razón entre hombres.

¿Por qué estamos en desacuerdo? En primer lugar en el caso de matrimonio de dos mujeres lesbianas casadas, la filiación del hijo nacido acudiendo a las técnicas de reproducción asistida sería matrimonial. Piénsese que en el caso que hablamos el embrión se implantaría en el útero de una de las mujeres; la filiación deberá ser matrimonial, como lo sería en el supuesto de pareja casada heterosexual, en la que a la mujer se le implanta el embrión en su útero ¿acaso concluimos que en ese caso la filiación del hijo no es matrimonial. El único elemento diferenciador es que ocurre cuando la pareja casada, es del mismo sexo ¿Cómo se materializa la filiación del hijo, cuando el matrimonio es del mismo sexo[5]? Evidentemente no puede haber una filiación materna y otra paterna. Es una cuestión que tendrá que dilucidar el

---

(5) Referido todo lo anterior, ha tenido que ser la ley 3/2007 de 15 de marzo reguladora de la rectificación registral de la mención relativa al sexo de las personas, en cuya disposición adicional primera, establece, una adicción de una apartado tercero al artículo 7 de la referida 14/2006 de 26 de mayo, sobre técnicas de reproducción humana asistida (que hemos explicitado más arriba).

Es un supuesto novedoso en la técnica legislativa referida al vínculo de la filiación matrimonial, cuando el matrimonio es entre dos mujeres. El caso contemplado en la hipótesis normativa del art. 7 nº3 es el siguiente (A) casada con (B), (A) que resulta fecundada por donante de gametos.

legislador, partiendo de la premisa que la filiación del hijo corresponde a ambos progenitores del mismo sexo, por lo que a ambos serán cotitulares de la patria potestad. Además, sobre esta cuestión, pienso que el legislador cuando modifique la ley de la reproducción humana asistida, resolverá estas cuestiones a tenor de las modificaciones en orden al Registro Civil que venimos examinando, esto es sustituyendo las expresiones de marido y mujer por cónyuge A y cónyuge B, así como la de padre y madre por progenitor A y progenitor B.

Conforme al articulado vigente, concretamente, el art. 120-4°, la filiación materna viene determinada por el parto (mater semper certa est), lo que ocurre es que aquí no hay varón casado, al que imputar la paternidad matrimonial, por lo que la cónyuge de la mujer gestante, se le atribuyen unos derechos de parentesco por voluntad legal, y para ello sólo basta su declaración ante el encargado del Registro, una vez nacido el hijo. Entendemos que por analogía con lo dispuesto en el art. 120-1°C.c, y art. 166 RRC , esta declaración "reconocedora" de la filiación deberá producirse sin necesidad de ningún otro consentimiento, y solo ex voluntate, por parte de la cónyuge de la gestante por simple declaración dentro del plazo ordinario de inscripción del nacimiento (art. 42 LRC y 166 RRC).

Asimismo, habrá que entender que no es literalmente correcto el párrafo final del parágrafo tercero que expresa con claridad que "se determine a su favor la filiación...". Naturalmente, junto con la filiación que ostenta "ope legis" la madre gestante.

Consultese la obra citada Los 25 temas más frecuentes en la vida práctica del Derecho de Familia. Tomo I. Parte Sustantiva. Dykinson. Madrid. 2011 Pag. 571-575.

BIBLIOGRAFÍA

AA.VV., *Cuestiones derivadas de los pleitos de familia,* Dykinson, Madrid, 1996.

ALBALADEJO GARCÍA M., *Curso de Derecho Civil, IV,* 8ª ed., Bosch, Barcelona, 1997.

ALONSO PÉREZ, M. "*La familia entre el pasado y la modernidad. Reflexiones a la luz del Derecho civil*". A.C. nl 1. 5-11 de enero de 1998.

ALVAREZ CAPEROCHIPI, J.A., *Curso de Derecho de Familia. Matrimonio y régimen económico,* Tomo I, Civitas, Madrid, 1987.

ALVAREZ CORTINA, A-C., *Violencia y miedo en el Código Civil español. Su aplicación al matrimonio,* Oviedo, 1982.

ALVAREZ SALA WALTHER, J., "Aspectos imperativos en la nueva ordenación económica del matrimonio y márgenes a la libertad de estipulación capitular", R.D.N., núm. 112, 1981, págs. 7-56.

BELTRÁN DE HEREDIA, J. "*La doctrina de Cicu sobre la posición sistemática del Derecho de familia.*". RDP, Octubre, 1965. Pág. 822.

BERCOVITZ RODRÍGUEZ-CANO, R., *Comentarios a las reformas del Derecho de Familia,* vol. II, Madrid, Tecnos, 1984.

BLASCO GASCÓ, F. de P., *Derecho de Familia,* 3ª ed., Tirant lo blanch, Valencia, 1997.

BORRAJO INIESTA, S., *La ruptura matrimonial en España,* EUDEMA, Madrid, 1990.

CABALLERO GEA, J.A., *Procesos matrimoniales: causas, hijos, vivienda, pensiones,* Dykinson, Madrid, 1991.

CAMARERO SUÁREZ, M.V. "*Consideración especial al trámite de la Proposición de Ley Orgánica de contrato de unión civil*". Revista la Ley, núm. 4780. Jueves 22 de abril de 1999.

CANTERO NÚÑEZ, F.J. "*Reflexiones en torno a la pretendida regulación de la unión de hecho*". RDP, Marzo 1995. Págs. 219 y ss.

CARBONNIER, J. "*Derecho flexible. Para una sociología no rigurosa del Derecho*".Traducción Diez-Picazo. Ed. Tecnos. Madrid, 1974.

CARRIÓN OLMOS, S., *El sistema matrimonial español,* Civitas, Madrid, 1990.

CASTELLS, P., *Separación y divorcio (efectos psicológicos en los hijos),* Planeta, Barcelona, 1993.

CASTRO JOVER, A., *La simulación unilateral en el sistema matrimonial español,* Universidad de Valladolid, Valladolid, 1987.

CASTRO LUCINI, F. Temas de Derecho de Familia. AGISA, Madrid, 1989.

CERDÁ GIMENO, J., *Estudios sobre Derecho de Familia,* Colegio de Registradores de la propiedad y Mercantiles de España / Centro de Estudios Registrales, 1993.

COMBALIA SOLIS, Z., *La autonomía privada y la inscripción del matrimonio canónico en el Registro Civil,* Bosch, Barcelona, 1992.

CORTEZO, J., *Situación jurídica de la mujer casada,* Montecorvo, Madrid, 1975.

DE LA CÁMARA ÁLVAREZ, M, "El legado de cosa ganancial", A.D.C., 1952, págs. 467-551.

— "La separación de hecho y la Sociedad de gananciales", A.D.C., XXII, 1969, págs. 3-127.

DE LOS MOZOS, J.L. Familia y Derecho: de nuevo sobre las parejas no casadas. La Ley, 16 de octubre de 2000. n1 5162.

DE VERDA Y BEAMONTE, J.R., *El error en el matrimonio,* Publicaciones del Real Colegio de España, Bolonia, 1997.

DELGADO ECHEVERRÍA, J. "*La transformación del Derecho de familia y la formación del jurista*". En AA.VV. El nuevo régimen de la familia I. Matrimono y divorcio. Cuadernos Cívitas, Madrid, 1982.

DÍEZ-PICAZO, L. y GULLÓN, A., *Sistema de Derecho Civil,* vol. IV, Derecho de Familia. Derecho de Sucesiones, 6ª ed., Tecnos, Madrid, 1994.

DOMINGO AZNAR, A., *Evolución histórica de la separación de hecho, con especial referencia al Derecho español,* Dykinson, Madrid, 1996.

ENTRENA KLETT, C.Mª, *Matrimonio, separación y divorcio en la legislación actual y en la historia,* Aranzadi, Pamplona, 1982.

ESPÍN CÁNOVAS, D., "Capacidad jurídica de la mujer casada", en Cien estudios jurídicos del Profesor Diego Espín Cánovas (1942-1996), Tomo I, Temas generales. Persona. Familia, Centro de Estudios Registrales, Madrid, 1998, págs. 483-555.

— "La igualdad conyugal en la reforma del Código civil (Leyes de 13 de mayo y 7 de julio de 1981)", en la obra colectiva El nuevo derecho de familia español, Reus, Madrid, 1982, págs. 3-30.

— *Manual de Derecho Civil Español,* vol. IV, Derecho de Familia, Ed. Revista Derecho Privado, Madrid, 1982.

— *Revista General de Legislación y Jurisprudencia,* vol. X. núms. 1 y 2, págs. 9-39, julio-agosto 1945. Madrid (España). "La presunción de paternidad y la ausencia declarada del marido".

ESTRADA ALONSO, E. "*Las Uniones Extramatrimoniales en el Derecho Civil Español*". Ed. Civitas, 20 ed. Madrid, 1991.

GALLEGO DOMÍNGUEZ, I, "*Las parejas no casadas y sus efectos patrimoniales*", Colegio de Registradores de la Propiedad y Mercantiles de España. Centro de Estudios Registrales. Madrid, 1995.

GANGI, C., *Derecho matrimonial*, (Trad. Miguel Moreno Hernández), Aguilar, Madrid, 1960.

GARCÍA FAILDE, J.J., *La nulidad matrimonial hoy*, Bosmar, Barcelona, 1994.

GARCÍA GÁRATE, A., *El matrimonio religioso en el Derecho Civil*, Burgos, 1995.

GIL DE LAS HERES, F., "La nulidad matrimonial por incapacidad psíquica. Comentario al Discurso del Papa al Tribunal de la Rota Romana el 25 de enero de 1988", R.D.P., 1989, págs. 923-937.

HERNÁNDEZ IBÁÑEZ, C. "Una aproximación a la Ley 10/1998, de 15 de julio de Uniones Estables de Pareja de Cataluña". A.C. nº 22. Semana 31 de mayo a 6 junio de 1999.

JORDANO BAREA, J.B. "*Matrimonio y unión libre*". A.C. Nº 6. Semana 8 al 14 de febrero de 1999.

KOURLOSKY, C. H., Le nouveau Code du mariage et de la famille de la RSFSR (URSS): RevIntDComp (jul-sep 1970), págs. 523-529

LACRUZ BERDEJO, J.L. "*Convivencia more uxorio: estipulaciones y presunciones*", en AA.VV. Pensamiento Jurídico. Asociación de Profesores de Derecho civil. Centenario del Código Civil (1889-1989), Tomo I, Ed. Centro de Estudios Ramón Areces. Madrid, 1990. Págs. 1061 y ss.

— "*Un nuevo contractualismo en el Derecho familiar*". La Ley 1982-3. Págs. 727 y ss.

— (coord.), *Matrimonio y divorcio. Comentarios al título IV del Libro Primero del Código Civil*, Civitas, Madrid, 1994.

LACRUZ BERDEJO, J.L., SANCHO REBULLIDA, F. de A., LUNA SERRANO, A., RIVERO HERNÁNDEZ, F. y RAMS ALBESA, J., *Elementos de Derecho Civil*, Tomo IV, vol. I, Derecho de Familia, 3ª ed., Bosch, Barcelona, 1990.

LEÓN ARCE, A. de, *Sistemas matrimoniales de tipo mixto: El régimen de participación, Servicio de Publicaciones de la Universidad de Oviedo*, Oviedo, 1984.

LEÓN GONZÁLEZ, "Del reconocimiento de efectos civiles a las instancias canónicas de nulidad y decisiones pontificias sobre matrimonio rato y no consumado", R.J.C., 1990-1, págs.175-196.

LÓPEZ-MUÑIZ GOÑI, M., *El proceso matrimonial de común acuerdo*, 2ª ed., Colex, Madrid, 1994.

LLEDÓ YAGÜE, F., *Acciones de filiación*. Ed. La Ley, 1987.

— *Fecundación artificial y Derecho*. Ed. Tecnos, 1988.

— "*Los matrimonios de hecho contra el Derecho y el sentido común del legislador*". P.J. 10 trimestre, 1997.

— *Comentarios científico-jurídicos a la ley sobre técnicas de reproducción humana asistida*. Codirigido con la Dra. OCHOA MARIETA, Obra colectiva, Editorial Dykinson, Madrid, 2007.

— Coautor y director: *La filiación. Su régimen jurídico e incidencia de la genética en la determinación de la filiación*. Consejo General del Poder Judicial, Madrid, 1994.

— *Los 25 temas más frecuentes en la vida práctica del Derecho de Familia: aspectos sustantivos, registrales y de procedimiento.* Codirigido con la Magistrada del Registro Civil Sánchez Sánchez, Alicia. Editorial Dykinson, Madrid, 2011.

— *Cuadernos prácticos Bolonia. Derecho de Familia.* 4 vols. Codirigida con los Catedráticos de Derecho Civil Ferrer Vanrell, Mª P. y Torres Lana, J.A., Editorial Dykinson, Madrid, 2011.

MARÍN GARCÍA DE LEONARDO, T., *La temporalidad de la pensión compensatoria,* Tirant, lo blanch, Valencia, 1997.

— *Los acuerdos de los cónyuges en la pensión por separación y divorcio,* Tirant lo blanch, Valencia, 1995.

MASCARELL NAVARRO, Mª J., *Nulidad, separación y divorcio,* Montecorvo, Madrid, 1985.

MONTÉS PENADÉS, V.L., en AA.VV., *Derecho de Familia,* 3ª ed., Tirant lo blanch, Valencia, 1997.

— *Comentarios a las reformas del Derecho de familia,* vol. II, Madrid, Tecnos, 1984.

NAVARRO VALLS, R., "La posición jurídica del matrimonio canónico en la Ley de 7 de julio de 1981", R.D.P., 1982, págs. 665-709.

— "Los efectos civiles del matrimonio canónico en el acuerdo sobre asuntos jurídicos de 1979 entre la Santa Sede y el Estado español", R.D.P., 1980, págs. 217-244.

PEÑA BERNALDO DE QUIRÓS, M., *Derecho de Familia,* Universidad Complutense de Madrid, Madrid, 1989.

PÉREZ VALLEJO, A.Mª: "Autorregulación en la convivencia de hecho". Servicio de Publicaciones de la Universidad de Almería. Almería, 2000.

— "El juego de la autonomía de la voluntad en las relaciones personales de los cónyuges". Publicaciones de la Academia Granadina del Notariado, Granada, 2000.

— "Validez y eficacia jurídica de los pactos privados tras la separación matrimonial de hecho (A propósito de la SAP de Almería de 3 de febrero de 1999)". Revista Jurídica de Andalucía, nº 29-1999. Págs.1167-1184.

PÉREZ VALLEJO, A.Mª y SAÍNZ CANTERO CAPARRÓS, Mª B. "El convenio regulador y los procesos matrimoniales en la nueva Ley de Enjuiciamiento Civil" Ed. Comares. Granada, 2001

PUIG PEÑA, F., "Contribución al estudio de los regímenes matrimoniales", R.D.P., XXXI, 1947, págs. 356-376.

PUMAR SANTANA, S., *El matrimonio por procurador,* Comares, Granada, 1998.

RAMS ALBESA, J., *Uso, habitación y vivienda familiar,* Madrid, Tecnos, 1987.

REBOLLEDO VARELA, A. L., *Separación de bienes en el matrimonio. El régimen convencional de separación de bienes en el Código Civil,* Madrid, Montecorvo, 1983.

ROCA TRIAS, E. "*Familia, familias y Derecho de familia*. ADC, Tomo XLIII, Fascículo I, enero-marzo 1990. Págs. 1055 y ss.

RODRÍGUEZ MATEOS, P., *Comentarios al Código civil y Compilaciones forales,* dirigidos por Manuel Albaladejo y Silvia Díaz Albart, tomo I, vol. 2, Madrid, Revista de Derecho Privado/EDERSA, 1995, págs. 242-259.

ROMERO COLOMA, A.M., *El matrimonio y sus crisis jurídicas: problemática civil y procesal,* SERLIPOST, Barcelona, 1990.

ROYO MARTÍNEZ, M., *Derecho de Familia,* Sevilla, 1949.

RUIZ SERRAMALERA, R., *Derecho Civil. Derecho de Familia,* Madrid, 1991.

SANTOS BRIZ, "Derecho de Familia", Editoriales de Derecho Reunidas, 1982, pág. 324.

SANZ FERNÁNDEZ, A., "La situación de la mujer casada en el Derecho civil (observaciones sobre la reforma del Código Civil por la Ley de 2 de mayo de 1975), en Libro Homenaje a Roca Sastre, Tomo II, Madrid, 1976, págs. 751-988.

SANZ MARTÍN, L. "La familia, su naturaleza y finalidad". A.C. Tomo 1996-2. Marginal 415 y ss.

SUÁREZ FRANCO, R., *Derecho de Familia. Derecho matrimonial,* 5ª ed., Temis, Bogotá-Colombia, 1990.

TORRALBA SORIANO, V., *Comentarios a las reformas del Derecho de Familia,* vol. II, Tecnos, Madrid, 1984.

VALLADARES RASCON, E., *Nulidad. Separación. Divorcio. Comentarios a la Ley de Reforma del Matrimonio,* Civitas, Madrid, 1982.

VALPUESTA FERNÁNDEZ, R. "Los pactos conyugales de separación de hecho. Historia y presente". Anales de la Universidad Hispalense. Publicaciones de la Universidad de Sevilla, nº 44, 1982.

VIVO DE UNDABARRENA, E. (Coord.) y otros, *Causas matrimoniales. Estudio, resolución de casos y formularios,* 2ª ed., Tirant lo blanch, Valencia, 1998.

ZANON MASDEU, L., *El divorcio en España,* Hispano Europea, Barcelona, 1981.

Made in United States
North Haven, CT
17 October 2026

20543553R00075